解读田子坊

厉无畏

——我国城市可持续发展模式的探索

朱荣林 著

文汇出版社

街巷经济▶
开市之前▼

◀聚货迎客
▼院落咖吧

石库门店▶
夜色小巷▼

◀门庭若市
▼高朋满座

序

城市在历史传承中发展，在改造中升华。“田子坊”本是泰康路上的一条小弄，1998年起在上海市和卢湾区政府的支持下，通过租赁、转让、置换等方式，逐步把旧厂房、旧民宅改建成画家工作室、设计室、画廊、摄影室、陶艺馆、时装展示厅等，吸引了包括陈逸飞、尔冬强等知名艺术家以及来自美国、法国、英国、澳大利亚、丹麦、加拿大、日本、中国香港等6个国家、地区及国内的百余家中外创意企业入驻，逐渐形成了以室内设计、视觉艺术、工艺美术为主的产业特色，转型发展成为上海乃至国内最具规模和影响力的创意产业发展基地，被评为中国最佳创意产业园区、上海最具影响力的创意产业集聚区和上海优秀创意产业集聚区。

“田子坊”的成功，关键在于发展创意产业的定位。创意产业崇尚创新，是基于文化艺术推动经济发展的新兴文化理念的实践，具有知识经济和信息时代的鲜明特征，体现了传统与创新的有机融合。在全球化效应不断强化、国际经济竞争日趋激烈的今天，以文化产业为核心的创意产业的发展水平，已经成为衡量一个国家或城市竞争力水平的重要标志之一。在当前上海经济由投资驱动向创新驱动过渡的关键时期，创意产业作为智能化、知识化的高附加值产业，其发展正是城市竞争力活力的重要体现。

“田子坊”之所以能成为上海示范性的创意产业基地，在于其修旧如旧的旧区改造模式为创意产业发展提供了载体空间和价值空间。“田子坊”在改造过程中，充分挖掘了旧厂房、旧民宅中的人文历史价值，探索出一种新型的城区发展模式——城市软改造。田子坊不仅拥有典型的江南民居、石库门和新式里弄建筑，还有20世纪70年代前后的工业厂房建筑，她见证了开埠以来上海社会经济发展的历程。卢湾区在保持原旧房的产权关系不变、形态结构不变、街坊风貌不变的前提下，积极探索和推进居住功能综合化、居住对象多元化、居住设施现代化，努力形成旧区改造、文化保护、历史传承、经济发展、社区建设和社会管理相协调的完整体系。园区建筑经艺术家们改造后，既保留了具有原建筑美学特征的砖石墙体、屋梁架构，又将现代材质的设施、设备通过艺术手段融会其中，推动了历史与未来、传统与现代、东方与西方、经典与流行在田子坊的交融，构成上海崭新的文化景观，受到广大市民和来沪观光、旅游和休闲娱乐的国内外游客青睐。

如今，“田子坊”正进入一个全新的发展阶段，其重要标志是社会、经济、文化协调发展的进一步深化。为此，上海市卢湾区委、区政府在市委、市政府有关部门的大力支持下，将坚持“共建、共享、共治”的发展理念，持之以恒地按照文化创意产业、历史文脉传承、旧区软改造融合发展的工作思路，进一步拓展“田子坊”创意产业园区的功能，充分挖掘石库门建筑和历史风貌街区的文化价值，强化和再现田子坊海派文化特色，走出一条历史保护和创意文化相得益彰的旧区改造新路子，努力使之成为体现“城市，让生活更美好”的社区典范，打造集聚文化创意产业、展示里坊风貌、品味海派文化、演绎世博主题的标志性地区，进而铸成卢湾乃至上海的一张新的城市文化名片。

上海将举办2010年世博会，它是新思想、新理念、新文化、新创意、新产品的大聚会，也是向世人展示申办国和承办城市创新能力和成果的重要平台。繁荣创意产业对于办好世博会具有特殊的意义，而兼具海派文化特质和文化创意特色的“田子坊”也必将成为上海世博会的一道亮丽风景线。

朱荣林教授长期关注、研究“田子坊”，《解读田子坊》一书积累了他对旧区改造历史进程的大量考证和研究心得，独立、客观、历史地评估了“田子坊”的旧区改造模式创新和对策管理机制，对于探索我国新一轮城市改造的科学发展模式，具有重要的借鉴意义。

徐逸波

2008月4月

注：徐逸波同志系中共卢湾区区委书记

目 录

卷首语

城市是在历史传承中发展的，其传承的方式主要是改造，而非重建。但是，由于国人对城市化模式的片面理解，将城市风貌的保护与城市功能的拓展对立了起来，以致于大批近代建筑消亡于建设性的破坏之中。诚如上海市市长韩正同志所言：“建设是发展，保护也是发展。”大量史实告诉人们：城市保护性质的改造是一种潜在的发展。旧城改造追求的是一组多目标系统的综合效益，它既要符合城市功能定位所决定的产业升级的指向，又要符合社会和谐目标所追求的改善民生权益的指向，还要符合科学发展模式所要求的城市资源的可持续利用的指向。上述三大目标能否同步实现，其关键取决于旧城改造理念的升华和旧城改造模式的变迁。美国“苏荷”模式的降生，折射出后现代文明时代的人们对城市历史及其文化信息的研读能力，标志着传统旧城改造模式大一统时代的终止。

田子坊改造模式证明，修旧如旧的旧城改造模式所营造的历史文化氛围和街区空间格局，有利于遵循上海资源结构特征所决定的经济逻辑，去选择那些附加值高、经济密度大、耗用空间资源少的都市型、知识型和服务型的袖珍企业入驻；又由于改造主体的变迁，使社会不同利益主体之间形成的利益分配格局的天平，正在从“与民争利”模式向“让利于民”的模式倾斜；还由于旧城改造中的政府收入从一次性的土地出让和管理的税费，转向持续性地向经营业主收税，有利于城市改造之后区位增值资本在政府届别之间的可持续配置。

也许是机缘所系，2001年泰康路210弄择名时，便取自《史记》中记载最早的一位画家田子方之名，意喻此地乃是艺术文人荟萃之地。自从陈逸飞大师领军艺术团队入驻之后，田子坊的发展历程证明，越是历史文化的原生态地区，便越是艺术家们追逐创作灵感的向往之地。历史文化原生态的保存，有赖于城市文化的有效保护，而它与旧区改造是矛盾的统一体，其相互协调统一的关键，是要创新改造模式和优化若干关系。这是因为，模式创新是步出旧城改造悖论的关键。建筑素有“凝固的音乐”之称，它传递着城市不同时期物质文化的信息。特大型城市的中心城区，往往又是文化积淀最为凝重的区域。原因在于，文化的积累是一个漫长的历史过程，而城市的发展是由中心城区逐年逐代向外围扩延的，其轨迹恰似城市的“年轮”，也宛若一石激起池水的涟漪。上海398幢优秀历史建筑中，有七成以上布局于城市中心区，这便是证明。因此，通常说来中心城区文化的“凝固”度最高，其保护力度理应最大。但是，事物的悖论再现。正因为它是中心城区，其土地级差值也最

田子坊正门全景

高，从房地产开发的趋利动机和平衡收益与成本关系考量，建筑容积率低下的历史文物性建筑在旧城改造中，必然会被高容积率的现代派风格的建筑群所替代。为此，负有规划管理使命的政府将面临三大选择：①将改造成本转嫁给全社会。这种选择就是沿习传统改造模式，“摧枯拉朽”式的破旧立新，导致历史保护建筑永久地消失于人们的视线之中，其结果必然导致全社会整体效益的流失；②将改造成本转让给开发商。此种模式是要说服开发商无私地承受改造的高成本，以替代政府部分公共财政的职能。但这种开发商实属凤毛麟角，因为他们的商业逻辑决定，对外部性的经济行为缺乏兴趣；③将改造成本转由政府和社会“志愿者”共同承担。比如“田子坊”管委会通过招商邀请来的经营业主，加盟了旧房改造的队伍，政府公共财政又适当地承担起街区基础设施建设的部分职能。

这种模式的结果是皆大欢喜：文化保护了，“志愿者”获利了，居民富裕了，政府增税了。创新改造模式之后，优化三大关系是实现文化保护的前提。旧区文化保护将面临三大关系的优化，他们分别是：

“飘”著名艺术家陈逸飞设计的泰康路文化艺术街标志（不锈钢雕塑）

首先是文化保护系统和旧区改造系统之间的关系。

旧区文化保护涉及的部门除文化管理和文物保护部门之外，还与政府决策、规划思路、开发商趋利行为、设计师理念、施工人员文化素养等密切相关。由于我国现行体制的缺陷，使文化保护系统与旧区改造系统相互割裂开来，彼此完全缺失沟通的环节，以至于文化保护十分乏力。这种体制性弊病的直接后果是，文物性建筑的保护基本上处于一种“有保护使命者缺失保护机会”，而“有保护机会者又缺失保护使命”的错位状态之中。北京的“四合院”、上海的“石库门”和天津地“小洋楼”不断走向消亡，便是其必然结果。这种“文化自杀”（法国《费加罗报》语）的背后，是民族深层危机的折射。

其次是文物价值的多样性与主管部门业务的单一性之间的关系。

以上海石库门为例，由于旧区改造系统的众多部门均“忠实”于自己本职狭隘的专业使命，而无力去解读石库门建筑所隐含的文化价值信息，即其中的建筑艺术价值、历史文脉价值、社会风俗价值和景观文化价值等信息。其原因有二：①由于传统教育体制的局限，导致职业人才“专业性”有余，而“通用性”不足，基本无力解读自己专业之外 “业务”的信息；②由于条块分割体制的局限，导致主管部门往往只管“自家门前雪”，不管“他人瓦上霜”，基本上没有兴趣去解读自己本专业之外的“信息”。

最后是规划自身的规律性与环境条件的制约性之间的关系。

规划自身的规律与环境条件的制约之间的冲突，主要体现在如下方面：①规划整体性要求与旧区改造缺失规模的冲突。由于中心城区的历史成因，改造地块多为分散且零碎，最小的地块仅为5000平方米。这必然与规划整体性要求相背；②规划前瞻性要求与政府短期行为的冲突。以上海杨高路为例，一位农民曾为杨高路的三次拓宽而迁家四次，它直接反映了城市建设中的短期行为导致“规划赶不上变化”；③规划权威性要求与政府行为随意性的冲突。由于改造指标的刚性约束，加之政府财力的拮据，只得央求开发商进入推动。为此，政府往往会采取迁就办法降低开发商进入开发的门槛，其中包括开发模式迁就、开发成本迁就以及开发规划的迁就等；④规划保护性要求与政府利益偏好指向性的冲突。地方政府可支配财力的短缺，导致其迫于事权与财权的非对称性，而将经济利益指标作为唯一的指向性偏好，其结果往往会失之于考量长远性和综合性的效益，进而与规划的保护要求失之交臂。

田子坊的改造模式给人们的启迪是政府行为和城市规划的理念要逐步完成三大转变，即：从以物为要走向以人为本；从以少数人

（甚至是个别人）为本走向以多数人为本；从现代人类为本走向兼顾未来人类为本。唯此，国力才会强盛、人民才会幸福、社会才会和谐，城市才会可持续发展。《解读田子坊》的问世，对于人们探索我国新一轮城市改造的科学发展模式，也许会有抛砖引玉之效。

第一篇　田子坊创新城市发展模式

第一节 田子坊的由来

田子坊街区平面示意图

在城市地理概念上，田子坊只是上海市卢湾区境内长度仅为420公尺的泰康路（原名贾西义路）上的一条小里弄街坊，位于泰康路210弄，原名志成坊，始建于1930年。当时，画家汪亚云夫妇入住泰康路志成坊的隐云楼，创办起上海新华艺术专科学校和艺术家协会“力社”，成为这个街坊历史文化积淀的源头。2001年，这个街坊进入改造之初，画家黄永玉在陈逸飞工作室根据《史记》记载的我国古时最

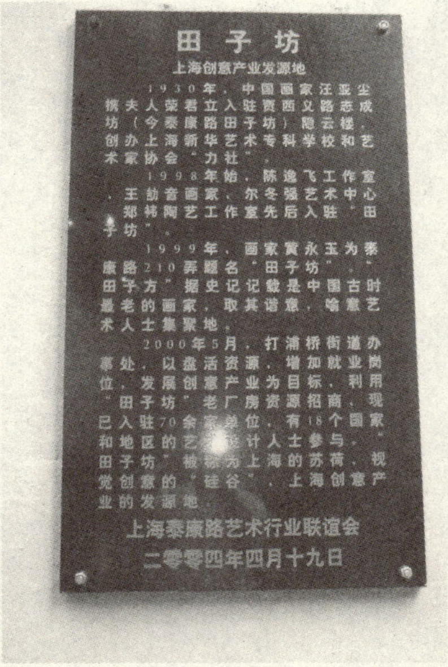

黄永玉为田子坊命名

年长的画家田子方之谐音，将之取名为田子坊，意寓此坊必将是艺术人才和成果荟萃之地。果不出其所料，4年之后的2005年田子坊位列上海十大最具影响力的创意产业集聚区之首，被广泛誉之为上海的“苏荷”、视觉产业的“硅谷”。由于田子坊模式的波浪效应，其辐射面已波及南至泰康路，北接建国中路、东临思南路、南濒瑞金二路的占地7万余平方米的地块，使之逐步从整体上改造成为规模性的历史文化保护区，堪称上海历史街区中文化积淀最为丰富的地区之一。该地区的特点有三：

一是历史建筑集中，颇具保护价值

这里既有旧式里弄，又有新式里弄，还有花园住宅。建筑风格包容了折中主义风格、英国新文艺复兴风格、现代主义风格、中国传统砖木结构风格，还有西班牙建筑风格、英国城堡式建筑风格和巴洛克风格等。其中尤以石库门建筑的存量最为丰富，多达20余种

田子坊内各种风格的建筑群之一

之二

之三	之四
之五	
之六	之七

之八

田子坊改造之前的风貌

不同形态。不同建筑风貌的交融共存，向世人展现了上海由江南乡村民居走向法租界“洋楼”的变迁脉络，呈现出中西合璧、厂舍同处的独特风韵。历史风貌的建筑特色，决定了田子坊的改造只能以城市风貌保护为基点，采取修旧如旧的模式，而不能采取脱胎换骨式的重建。

二是建筑和人口密度高，发展空间极其有限

位于泰康路上规划改造的

210弄（田子坊），248弄和274弄等三条小弄内居住着671户人家，居住人口达1600人左右，远高于上海市区的平均人口密度。其中，以田子坊为例，这条宽为二三米，长仅140米的小弄里，20世纪30年代建有36家小作坊工厂，后经整合改造至20世纪70年代还有6家工厂。如此高密度的街区有两个特点；其一，居住条件历史欠帐多，一旦拆迁，补偿代价高昂；其二，存量资源（尤其是人力资源）丰富，若配置不当，社会压力不小。有鉴于此，田子坊模式的应对之策是两条：其一，变一次性拆迁补偿为长期性资产性收益；其二，通过变更改造方式，变闲散的人力资源成为非经营性管理的人力资本。此外，田子坊的资源储备结构特征，制约了非都市型产业的入驻。由于空间有限，在招商决策上局只能限于吸纳高附加值型、知识服务型、低耗资源型的袖珍企业入驻。

三是区位优势良好，“聚宝盆”效应明显

入驻旧厂房的企业

田子坊所在的泰康路区块北部临近上海三大繁华商业街之一的百年淮海路，这是中外购物者必经之地；其东部与城市南北中轴线（南北高架路）之畔的大型综合休闲娱乐区“新天地”构成遥相呼应之势，这又是中外游客不可不去之处；其南部与新近崛起的打浦桥商贸城相毗邻。在上海市中心城区的南翼地区，打浦桥商

跻身于商业中心的田子坊

业区与著名的豫园商城和徐家汇商圈呈“笔架山”格局。田子坊向西与陕西南路商业街只是一路之遥。上海主要商圈的布阵架势，既给田子坊地区营造了商贸集聚效应的区位优势，但同时又向它提出了面对强手如何实施差异化发展战略的尖锐挑战。今天田子坊率风气之先，建立的创意产业便是面对这种挑战、培育互补性产业、实行错位发展的成功选择。

纯粹从要素资源的存量规模判断，田子坊是一个弱势地区。但历史证明，大凡经济成功地区几乎很少是依靠自身资源的禀赋程度去实现战略目标的。反倒有不胜枚举的事实告诉人们，对资源的过度依赖会导致地区经济的衰败。这在经济学上叫做“资源诅咒”，诸如我国今天的山西，已经进入了“煤炭诅咒”的时代。那么，上海田子坊是怎样摆脱资源制约去实现自己的目标呢?

这里有两大命题是本书求索的重心：一是资源与财富的关系。

当财富的获取建筑在资源缺失可持续配置能力的基础之上时，财富实际是对资源的一种负债，它既是当代人类对未来人类的负债，也是强势群体对弱势群体的负债。既然是负债，所谓的“财富”其实是不存在的，是虚置的，因为它终究要归还债权者。田子坊模式的经典意义便在于正在改变资源与财富之间被扭曲了的传统关系；二是财富与幸福的关系。由于财富的环境代价过于高昂，它正在降低人类的幸福指数。无数的事实证明，GDP的指数正在日益背离幸福指数。幸福指数是由不丹国率先提出来的，其内涵是指环境和资源的保护、可持续发展的经济、传统文化的继承和优良的治理制度等四大支柱。

当国际社会深刻反思颠覆于金融海啸之中的美国消费模式时，有人预言一场社会发展模式的思想革命已露端倪，其影响之烈，犹如中世纪的“地心说”转移到哥白尼的“日心说”一样。这种“范式转移”的先兆是，近年来世界银行在研究贫困问题时，第一次导入了“时间贫困”的新词汇，从而将社会关注贫困的重点从只注重低收入的“经济贫困”转移到了注重因增加工作时间而减少了休闲时间，进而导致生命透支的“时间贫困”之上。这种贫困是传统发展模式之下的产物，其特征是塑造了一大批“经济富裕”而“时间贫困”的被扭曲了的现代人，其中尤以美国为最，因为这个国家的人比西欧人每年平均要多工作9个星期。我国的陈逸飞、王均瑶等便是其代表人物，其经历不断地启迪人们，要准确把握财富与人生、富裕和幸福、政绩同民生的相互关系。当你步入田子坊，看到都市繁华景象背后的那种居家开业、凭轩聚货、傍树茗茶的“闲情雅致”情调，你就明白田子坊为什么会吸引人。

有人断言，中国的资源储备无法支撑中国众多人口享受美国式的消费模式。此言寓意两个层面的话题：一是消费能力的制约。在我国社会保障及公共服务体系尚未健全的情况下，又由于资本所得与劳动所得在国民收入中的占比差距日益扩大，导致全社会边际消费倾向下降；二是资源能力的制约。在人均资源占有量低下和低效配置模式的双重作用之下，我国要承担起一个令世人哑然的责任，即：以占全球9.6%的自然资源、9.4%的资本资源、1.85%的知识技术资源和1.83%的国际资源来为占全球26%的劳动力提供就业岗位，其岗位数量相当于西方发达国家的总和。因此，我国大部分公民只能追求一种“普通型”的就业，而非“豪华型”的消费。因此上海，“新天地”的消费层次固然有其需要，但更多的需要恐怕还是“田子坊”的消费水平。以不丹国的幸福指数来对照田子坊，这里的四大支柱正处于桩基阶段。

第二节 田子坊创新模式的历史机遇

田子坊改造模式改革的酝酿阶段正处于东南亚金融风波袭来的前后，其间对国人冲击力最大的几件事酿成了田子坊改革的契机：

一是姓资姓社标准的认同，为田坊模式创新拓展了理念空间

邓小平同志南巡讲话中“三个有利”的标准驱散了长期笼罩在国人心灵上的姓“资”姓“社”争论之阴霾，实现了改革开放以来的第二次思想大解放。其直接效果是，面对不合理的规章制度及其传统章法，只要它不利于提升综合国力，不利于发展生产力和不利于提高人民生活水平的，人们开始敢于对它说“不”！

当时，卢湾区政府对街道建制进行了调整，将8个街道合并为4个之后，打浦街道成为全区经济最弱的一个。面对现状，决策的理念在目标价值指向与过程管理指向之间面临重大抉择性的挑战，这些挑战是一系列难以调和的矛盾：①资金供给短缺与经济基础设施投入需求的矛盾；②居民对马路菜场的传统习惯性依赖与街道经济对马路资源重新配置规划的矛盾；③争取开拓性举措的先发性效应与社会惯性思维制约之间的矛盾。

为此，上任伊始的打浦街道办事处主任郑荣发及其决策班子成员以小平同志的论断为武器，开始了对我国中心城区传统改造模式的反思。他们反思的结论是：旧区改造成果的衡量标准应当是有利于街区市场繁荣，有利于街道经济发展，有利于老百姓生活改善。由于受到卢湾区区政府在上海第一次依靠区级财政投资，成功改造徐家汇路拓宽工程的激励，打浦街道通过租用一家停产闲置的工厂，在全市率风气之先，凭借一个弱势街道的财力将历史悠久的泰康路马路菜市场搬进了室内，以“还路于民”为起点，迈出了田子坊改造模式创新的步伐。在随后的岁月里，田子坊又率先导入了艺

改造前的泰康路马路菜场

改造之后的泰康路第一家室内菜场

术家队伍，率先提出了街巷经济，率先将都市型创意产业集聚到里弄街坊之中，又用了5年时间自下而上、坚持不懈和顶住压力地说服了政府改变田子坊旧区改造规划。难能可贵的是，当时的打浦街道，每每都创造了风气之先。

国人素来将“无中生有”列入贬义词汇之列，这实在是莫大的误解。我国著名哲人老子曾言：“天下万物生于有，有生于无”，可见“无”才是万物生成之本。因此，无中生有乃人间正道。总之，从无到有，创造第一位的工作，是田子坊决策者受小平南巡讲话启示之后解放思想的结果。

二是东南亚金融风波的负面效应为“街巷经济”的催生提供了资源空间

如果说第一次世界大战的重锤粉碎了第一轮全球化的话，那么1989年柏林墙的倒塌开启了第二轮全球化的新纪元。但这一轮全球化的本质远非第一轮全球化可比，因为它靠芯片、卫星、光导纤维和因特网的发明将人们紧密地联系在一起，而非靠传统的火车、轮船和汽车的发明来实现。这种靠信息技术作为载体的全球化使世界各国同坐在一条船上，一旦发生危机便犹如病毒一样快速感染。东南亚金融风波波及之处，无不经济明显下滑，房地产市场一片萧然，烂尾楼比比皆是，停工的厂房（车间）随处可见，待建的存量土地俯拾可得。中国也无法幸免，仅在卢湾区境内政府就囤积了14块闲置地块，这为擅长换位决策思考的打浦街道主要决策者提供了巨大的资源空间。他们充分利用当时上海推行“二级政府三级管理”的体制和自主权下放的机会，运作相对宽松的财权，继向区政府职能部门借资300万元改建室内菜市场之后，又用剩余款项去低迷的房地产市寻找财富机会。经过论证，街道决定低价利用里弄内的旧厂房来发展文化类产业，以求探索一种中心城区街道通过发展文化产业去推进旧区改造的“曲线”实施模式。街道经济的决策顾问张建君同志将这种经济形态喻之为“街巷经济”，其特点是低成本、小投资、快周期、无污染、小能耗。尽管这种属于政府性质的投资，但其特点是市场论证充分、产出回报率可靠、投资管理严密，因此，其投资失误率很低。据数据显示，我国从“七五”至“九五”的三个五年计划期间，投资决策失误率高达30%左右，资金损失在4000亿至5000亿之间。因此，田子坊模式对于改变我国政府投资效益普遍低下的现状，不无借鉴和示范意义。

事后的一切经验证明，田子坊投资决策者的敏锐市场眼光，使当时还只是个别几位同志茶余饭后闲谈中的文化产业，竟能成为今天闻名遐尔的田子坊之主要产业形态，这是田子坊模式开创者万万没有想到的。这种成功折射出田子坊模式决策者具有两点鲜明的思维逻辑：一是街道劳动密集型行业要走高附加值之路。我国劳动者收入低于劳动力价值的原因有二：一方面是劳动力市场的失范导致非正规就业成为就业主导力量；另一方面就是劳动密集型行业的产品附加值太低。田子坊决策者自知无力改变前者，但有意改变了后者；二是街道财力的局限必然要求实行低成本、高产出的投资模式。田子坊模式的决策者显然做到了。

三是新一轮国际产业转移拓展了田子坊产业转型的市场空间

以冷战时代为分水岭，如果说此前的时代是以兵械觊觎他国领土的话，那么此后的时代是以产业链和游戏规则为手段去角逐他国市场。

20世纪末叶，随着20亿人口的国家和地区先后加盟世界贸易体系，以及东西方军事集团对恃局面的缓和，全球劳动密集型制造业市场呈现出严重的供过于求之局面。发达国家迫于退出市场的考量，在逐步将低端制造业向中国大陆等低成本生产国家和地区转移之外，揭开了新一轮技术革命的序幕。世界经济长周期的变更，在推动发达国家战略性服务业加速发展的过程中，呈现出生产性服务

田子坊中的苗绣坊

业与创意型产品经济并驾齐驱之局面。创意产业实际上是一种知识型的都市服务业，其智力型、高附加值和低耗资源的特征与田子坊模式开创者产业探索的初衷有不谋而合之效。当举国全力构建“制造业世界基地”之际，有多少人想到过，制造业并非简单的等同于“制造”，因为制造只是制造业产业链中的一个生产型环节，其余还有产品创意设计、中间产品采购、质量验收、批发销售、仓储物流等一系列服务型环节。仅仅依靠制造环节的中国产业链地位是发不了财的。

据数据显示，我国制造业的净利润率2006年不足5%，2007年不足2%。足见我国制造业的专业化分工偏离了高附加值的非制造业环节。而早在2000年非制造环节的创意产业已在英国产值中位列第二，仅次于金融服务，占GDP总量的8%左右，就业人口达195万，位居各产业榜首。发达国家的这种产业结构变动趋势，通过出口途径（英国出口年增长率约15%左右）必然辐射到次发达地区的上海。在云集泰康路的160余家创意设计机构和文化艺术企业投资者中，就分别有来自澳大利亚、美国、法国、英国、丹麦、加拿大、日本、新加坡、爱尔兰、马来西亚、中国香港和中国台湾等26个国家和地区。他们将自己在泰康路开设的商店既作为创意设计产品销售的窗口，又将之作为客户看样、洽谈、订货的柜台。换言之，田子坊正在开启我国改变制造业产业链国际分工格局之先河。

四是高效精干的决策系统为社会资源整合拓宽了配置空间

历史证明，人类社会当今面临的诸多困境（如环境、人口和资源等）均起源于昨天的错误决策，而如今的决策失误必将加剧明天的苦痛。换言之，决策是对未来的一种艰难的选择。正如《苏联大百科全书》所言：决策实际上是“在体力动作之前要完成的智力动作”。这种智力动作是要完成对体力动作的价值选择，原因在于，价值是决策的灵魂。而其把握的元素是效益、代价和风险。因此，决策是一组多重目标的管理行为，其目标利益之间是相互排斥的，诸如高效益将对应高风险。从此意义评价，现代决策与传统决策相比，前者是一个经过多目标权重之后的“满意决策”，而非“最优决策”。它必须兼顾多种效益，这种“兼顾”足以说明，正确的决策必须建立在多样化的价值体系之上，方能确保决策效果的稳定性

田子坊专家研讨活动之一

田子坊专家研讨活动之二

和持续性。于此可见，决策者乃是一个群体，其阵容要兼容不同秉性特质、不同专业领域、不同认知能力和不同价值观的人。

田子坊模式的早期决策班子是由打浦街道主要负责人郑荣发为召集人的一批政府各种类型智库式的人物。他们凭籍对卢湾事业的执着，对社会转型时期大气候变迁趋势的捕捉能力，以及对我国传统体制逆向可利用价值的洞察力，经过对社会人脉的广泛疏理和整合，构建起一支跨越条块体制、突破隶属边界、志同道合的团队。这个团队的特点有三：①善于寻找新旧体制转换时期的“夹缝”，利用时间差打政策“擦边球”，为田子坊获取先发性效应奠定基础；②决策过程能广开言路，不计私利，胸无宿物，言必信，信必果，一旦看准方向锲而不舍、义无反顾；③善于将社会资源为我所用。例如艺术大家陈逸飞、尔冬强、黄永玉，建筑大师郑时龄和阮仪三，创意产业开拓者厉无畏，城市区域改造运筹策略高手张建君和商业运作巧匠吴梅森为代表的市场力量，先后成为田子坊发展的编外团队。无数历史证明，地区经济发展水平的高低主要并不取决于资源禀赋程度大小，而是取决于资源配置水平的高低。郑荣发同志从经济相对发达的瑞金街道奉调财力相对贫乏的打浦街道之后，其决策的重点并不放在存量资源的扩张上，而是放在资源配置水平的提高上，从而抓到了事物的“牛鼻子”。田子坊作为一种社会经济现象，其本质折射出城市资源配置模式的选择。

第三节 田子坊创新模式的后盾

一项重大的社会变革性举措的实施，它不可避免地要与传统的思想理念、行为方式、政策法规，甚至是管理体制发生冲突。因此，田子坊的旧城改造模式创新的艰难程度可想而知。可以毫不夸大地说，如果没有强有力的后盾作为支撑，就不可能有今天田子坊的大好局面。当然，这个后盾仍然存在较大的运行成本下降空间。后盾的主体便是上海市卢湾区委和区政府。纵观田子坊改造模式创新的全过程，卢湾区委和区府从组织管理、公共服务、政策法规等三个角度为其提供支持。

一、组织管理支持

为使田子坊改造模式创新工作走上健康发展之路，卢湾区政府从四个方面强化了组织管理工作：

（一）健全组织管理系统。

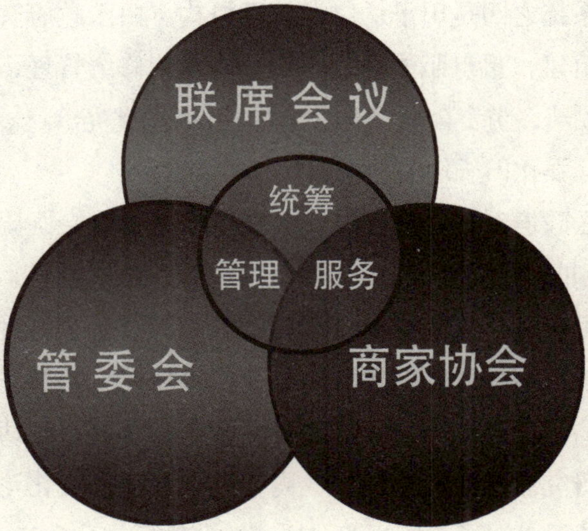

田子坊组织管理系统示意图

系统之一是田子坊工作联席会议。联席会议代表卢湾区政府来统筹、协调和推进田子坊的发展进程，由区长为召集人、分管综合经济的副区长为常务召集人，其他各位副区长为非常务召集人，区政府各有关职能部门和相关单位人员为组成成员，办公室设在区发改委。联席会议原则上每季度召开一次，并相应建立例会制度、重大情况报告制度和监督检查制度。系统之二是田子坊管理委员会。田子坊管委会由分管综合经济的副区长任主任，打浦街道的主任及区政府有关职能部门的领导任副主任，区政府相关职能部门和单位工作人员为成员。管委会主要任务是使政府部门管理职能具体落实到田子坊街区的消防安全、食品安全、社会治安、市容环境和规范市场行为之中。系统之三是正在筹建的商家协会。该协会（筹）是在原田子坊促进会（筹）的基础上演化而成。原田子坊促进会（筹）是一个旨在形成共建、共享、共治机制的自律组织。它接受区政府委托，履行专项管理、服务和协调职能。当田子坊的发展进入以入驻企业自律规范为主的阶段之后，田子坊管委会决定筹建商家协会；系统之四是田子坊物业管理机构。由区政府有关职能部门牵头负责组建，重点职能是加强田子坊建筑修缮管理，探索公房租赁管理的改革，负责公共设施配套和社会资源整合等。

（二）强化田子坊的功能管理。

卢湾区政府对田子坊功能管理的主要依据是会同同济大学等单位合作编制的《卢湾区田子坊功能拓展概念总策划》，体现功能拓展的工作主要是：①与上海世博局就有关2010年上海世博会主题演绎进行洽谈。洽谈后的初步意向是上海世博局拟将田子坊作为相关精神落实的“诠释地”；②与同济大学合作开展田子坊石库门非物质文化的研究。与上海世博局共同举办了石库门文化论坛，并在同济大学指导下申报了石库门营造技艺的非物质文化遗产。

（三）加强田子坊的规划管理。

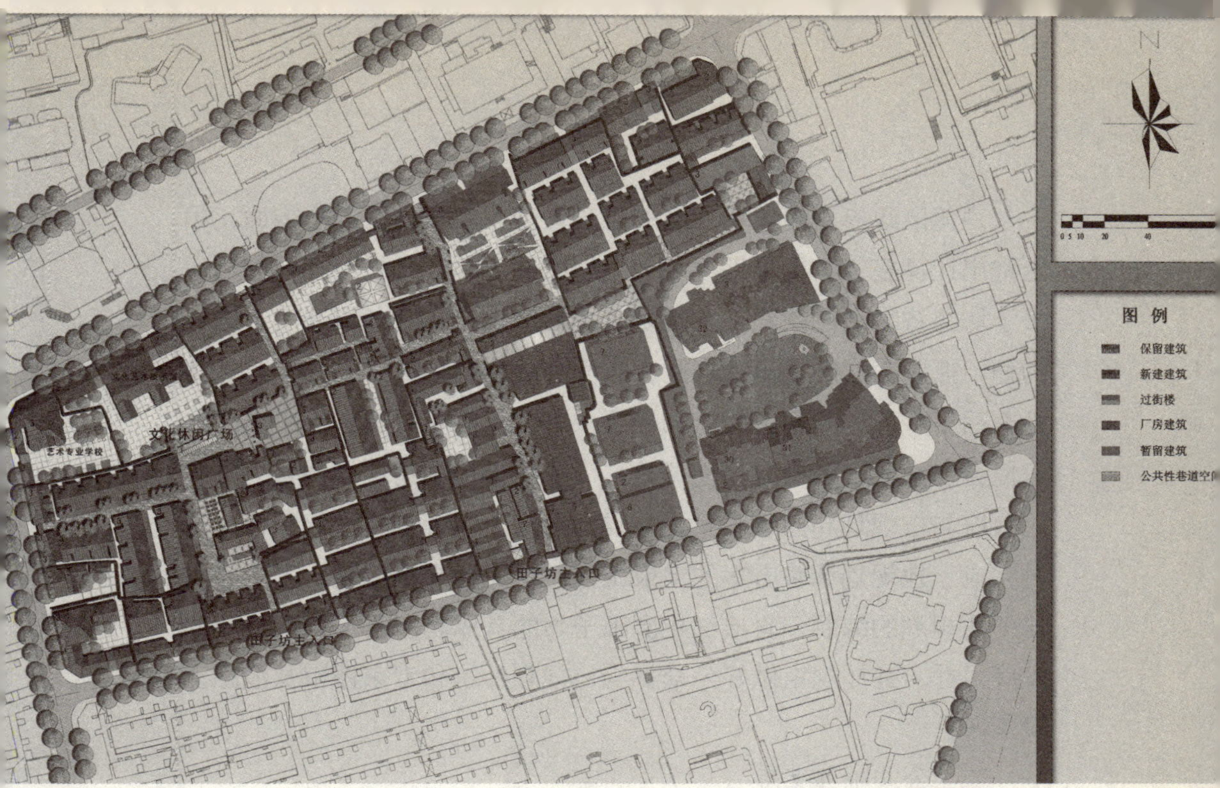

田子坊总体规划图

卢湾区政府于相关职能部门签定"田子坊"发展目标责任书

卢湾区政府对田子坊地区的规划管理主要集中在三个方面：①土地出让调整。由于早期规划对土地的利用和开发思路存在滞后于田子坊经济发展的缺陷，在规划改变后区政府适时与原开发商进行沟通，抓紧落实终止出让合同、收回土地使用权等工作并及时处理好善后事宜。为此，区政府领导要求有关部门签署具有约束力的共识性会议纪要；②规划用地调整。田子坊土地利用规划调整之后，区政府与市规划局沟通联系，并委托同济大学规划院进行设计，及时完成土地规划调整方案的申报工作；③完善规划编制。区政府对田子坊规划的编制，直接细化到田子坊的具体功能、形态和产业的发展目标，并按规定做好公众参与、规划公示和专家评审及汇总上报工作。

二、公共服务支持

卢湾区政府对田子坊实施公共服务的重点是优化田子坊的创业环境，其中包括了改造硬件环境和营造良好的政策软环境。其服务的内容主要有以下方面：

一是争取“居改非”新政的试点。居住性街区房屋能否“居改非”是决定旧区改造方向之关键，它不仅关系到尚未出租街区的商业前景，甚至还影响着已经出租房屋的经营许可问题。为此，在上海市政府有关部门的支持下，区房地局向上级递呈了《关于卢湾区田子坊地区转租实行审批制的申请报告》（沪卢房地[2008]20号），要求同意将田子坊作为允许房屋临时改变居住性质实行审批制的试点区。2008年3月13日上海市房地局作了同意的批复，并根据《上海市房屋租赁条例》提出了四点实施方案。这一举措，对于田子坊功能的拓展和旧区改造模式的扩大实施范围，具有里程碑式的意义。为使“居改非”政策落到实处，区房地局收回了第56街坊（建国中路139号）建设住宅和商办楼项目的国有土地使用权，并完善了《田子坊地区“居改非”受理流程》，建立租赁管理一幢一表的业务档案，并实行动态化管理。同时，房地局对80余户尚未办理“居改非”手续的居民发了补办通知书，以确保田子坊“居改非”试点落地。为配合服务，区工商局还制订了田子坊工商注册登记的流程，逐步规范田子坊内企业的经营行为，杜绝无照经营。

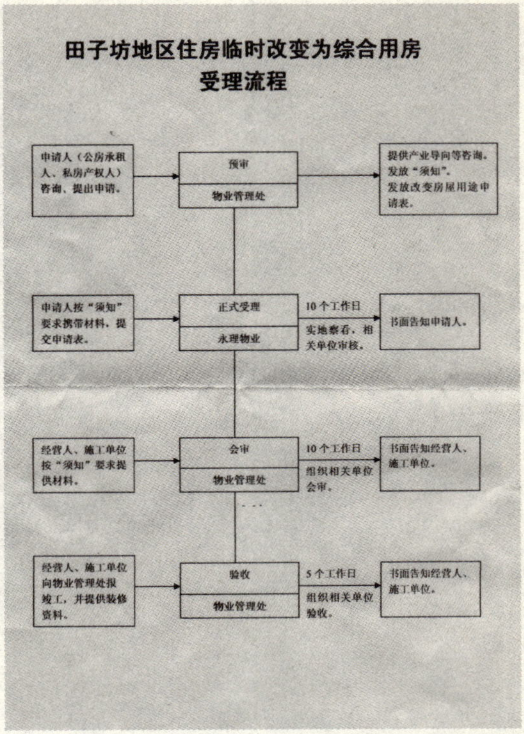

田子坊地区“居改非”受理流程

二是加强产业引导服务。卢湾区有关机构在汇总各单位意见的基础上，制定了《产业导向目录》，建立了田子坊行业准入机制，明确了创意产业的鼓励、限止和禁止类的标准，便于从业人员入驻田子坊之前进行选择性决策。同时，卢湾区政府还制作了《田子坊导游图》，并着手编印田子坊画册和《田子坊旅游指南》。区文化局完成了《田子坊文化发展规划》，并结合第二届文博月活动，扩大对田子坊石库门生活形态的宣传，以进一步巩固和拓展田子坊的品牌地位。

三是强化市场软硬环境服务。市场软环境角度的政府服务，主要是体现在规范市场经营行为和强化安全管理等两方面：①在规范市场经营行为方面，田子坊管委会着重对无证设摊进行了有效整治，基本做到里弄内无固定和流动的无证设摊，泰康路沿街无跨门经营现象；②为加强田子坊地区日常治安，以维护正常的经营秩

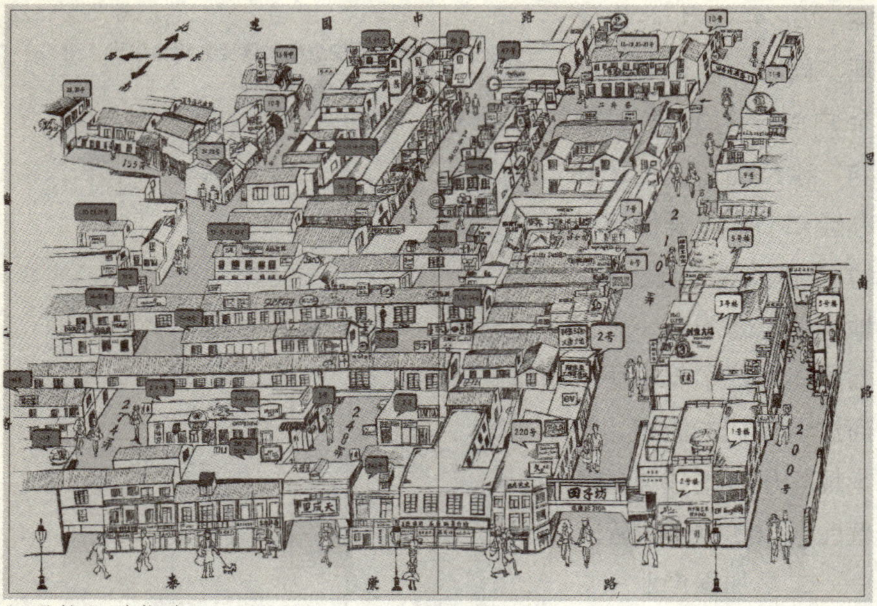

田子坊导游指南

田子坊创意产业导入目录

（草　案）

（2008-2009 版）

田子坊
TIANZIFANG

田子坊推进会服务处

2008 年 4 月

田子坊创意产业导向目录

序，在区政府职能部门倡导之下初步形成了群防群安的安保体系，并进一步完善了园区巡视制度，聘请社区居民担任安全协管员。2008年北京奥运会前夕，田子坊还专门召开了《田子坊迎奥运安保工作会议暨保安公司入驻田子坊签约仪式》，聘请上海市保安公司卢湾区公司对田子坊实行24小时安全防范保安巡逻执勤。

市场硬环境角度的政府服务，主要集中力量解决好街区公共基础设施供给能力与实际需求之间的矛盾。由于商居融合的局面，模糊了居民生活公共服务设施与企业市场公共服务设施的边界。因此，政府将居民的居住条件和商家的经营条件一并改善。区政府通过编制田子坊总体规划，完成了市政详细规划部分的地下管线规划设计，并在田子坊内重新埋设公共管线并扩容，同时翻修了弄内路面，改善了公共环境设施，逐步设置安全导引标识和旅游导引标识。为解决高峰用电故障问题，区政府职能部门沟通上海市电力公司沪南供电分公司，通过电力增容克服了电力供需矛盾，解除了商家后顾之忧，也和谐了居民与商家的关系。此外，田子坊市场硬环境质量的另一个层面问题是违规装修、随意搭建、盲目招租和油污直排等现象，它直接和间接地损害着市场的声誉。为此，卢湾区房地局会同永业集团、区建委和区工商局等职能部门分别制定针对性的条例和规定，用规章制度去要求、规范和约束违规行为。在规范弄内装修行为的同时，区政府还花力气调整了商铺的经营业态，逐步规范了泰康路沿街的店招和店牌，统一更新了沿街建筑的雨蓬，大大清新了市容。

四是启动“和谐社区”的服务工程。田子坊园区的基本特点是商用和居住同处共存，邻里矛盾此起彼伏。因此，卢湾区政府认为，社区和谐是决定田子坊进一步发展的关键之所在。基于这样的指导思想，由政府部门实施了“居民和谐共处示范点”工程，通过房屋保护性修缮、新增抽水马桶、装修公共灶间、安装消防喷淋设施、统一安装空调机架和滴水管等设施，改善了居民居住质量，旨在最大限度地消解商家与居民的矛盾，以达到争取居民对田子坊发展模式的理解和支持之目的。据统计资料显示，这一项工程的受益居民达35户。通过一系列工作，并辅之以管委会执行的定期对居民和商家的走访制度，使田子坊地区居民上访和越级上访率明显下降。

三、制度和法规支持

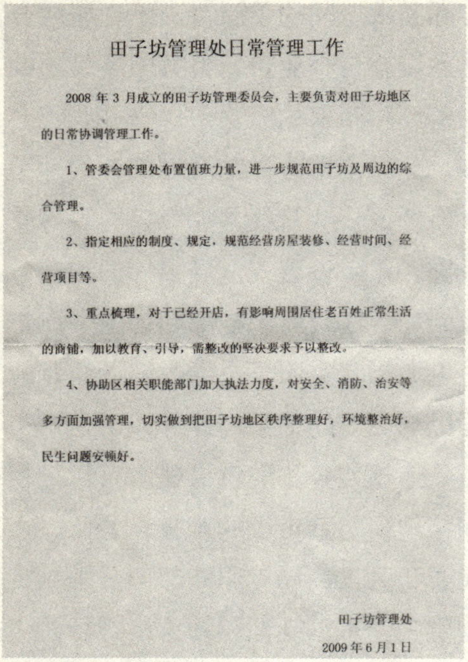

田子坊管理处日常管理工作

2008 年 3 月成立的田子坊管理委员会，主要负责对田子坊地区的日常协调管理工作。

1、管委会管理处布置值班力量，进一步规范田子坊及周边的综合管理。

2、指定相应的制度、规定，规范经营房屋装修、经营时间、经营项目等。

3、重点梳理，对于已经开店，有影响周围居住老百姓正常生活的商铺，加以教育、引导，需整改的坚决要求予以整改。

4、协助区相关职能部门加大执法力度，对安全、消防、治安等多方面加强管理，切实做到把田子坊地区秩序整理好，环境整治好，民生问题安顿好。

田子坊管理处

2009 年 6 月 1 日

“田子坊”日常管理工作制度

从传统的政策行政走向依法行政，是卢湾区政府规范田子坊旧城改造模式创新行为的一大特色，体现了政府管理体制改革体系中行政方式的转变。卢湾区政府为推进田子坊的发展，从以下六个方面为其提供制度和法规支持：

一是关于组织管理。为健全和规范对田子坊的组织管理，政府先后制订了《田子坊联席会议职责和工作制度》、《田子坊管委会工作职责和工作制度》、《田子坊物业管理处工作职责和工作制度》等，从而使田子坊的组织管理落实到机构、落实到责任人。

二是关于规划管理。为适应田子坊发展模式不断产生扩散效应的需要，卢湾区政府及时修改了田子坊地区的功能规划，适时提出了《关于改变田子坊地区功能规划的申请报告》并获得批准。为纠正传统规划中的形态规划、功能规划和产业规划相分离的缺陷，有利于强化田子坊发展过程中的综合效应，田子坊管委会委托设计部门编制了《田子坊综合发展规划》，完善了旧区改造和发展的规制建设；

三是关于市场管理。为规范田子坊市场经营行为，杜绝无证经营设摊，卢湾区工商局制订了《田子坊内工商注册登记流程》。为使“居改非”试点政策落地，卢湾区房地局制订并完善了《田子坊

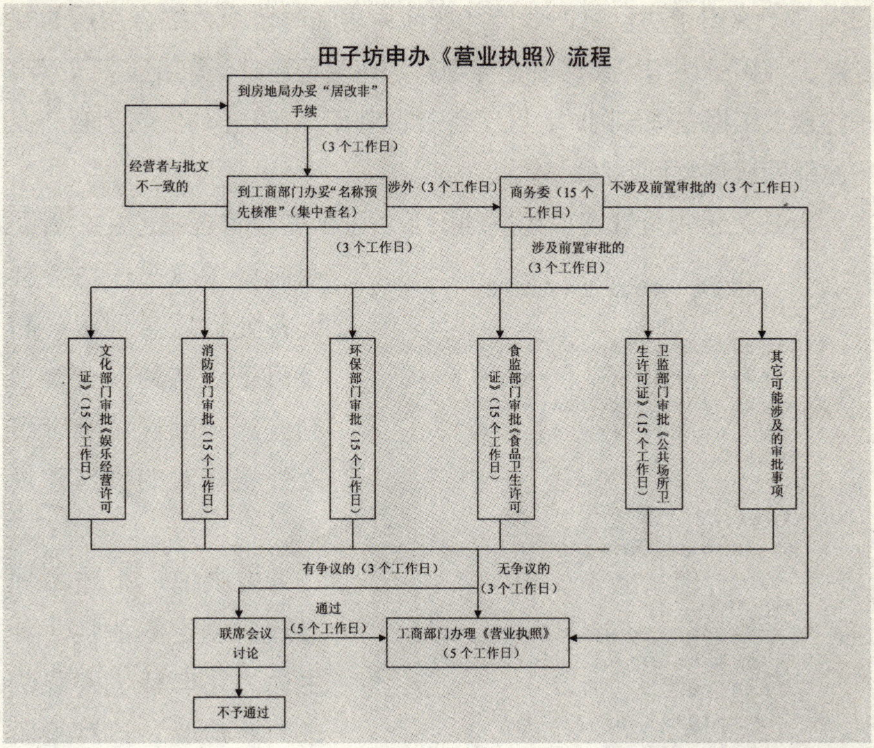

田子坊工商登记流程

地区“居改非”受理流程》。为打击侵权行为，有效保护创意企业知识产权，在区政府知识产权局的支持下，由入驻田子坊部分企业发起组建了知识产权保护联盟，并组织商家签署了《知识产权保护公约》，创了国内风气之先。

四是关于产业管理。为规范入驻田子坊市场企业的经营行为，根据《田子坊创新产业集聚区产业导向目录》，加强了对鼓励类、限止类和禁止类行业分类标准的管理；

五是关于物业管理。为规范和纠正物业管理上存在的普遍违规行为，保障街区正常的经营和生活秩序，卢湾区房地局会同永业集团制订了《田子坊创意产业园区居住用房临时改变为综合用房的规定》、《田子坊房屋装修安全导则》；卢湾区建设委员会还制订了《田子坊建设工程安全导则》；区工商分局则制订了《田子坊发展创意产业房屋经营管理暂行办法》等。

六是关于安全管理。为推动田子坊地区安全管理规范化，管委会制订了《田子坊特种设备处置应急预案》和《田子坊特种设备管理制度》，明确了突发事故处置应对的预案和规程。

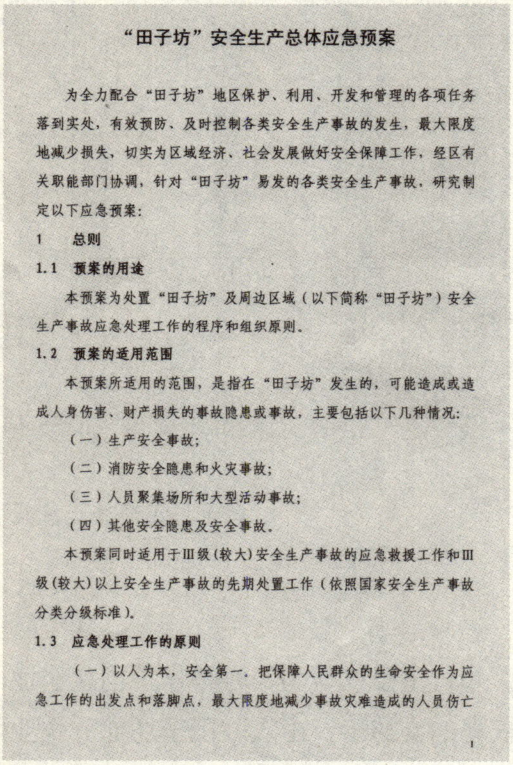

"田子坊"安全生产总体应急预案

为全力配合"田子坊"地区保护、利用、开发和管理的各项任务落到实处，有效预防、及时控制各类安全生产事故的发生，最大限度地减少损失，切实为区域经济、社会发展做好安全保障工作，经区有关职能部门协调，针对"田子坊"易发的各类安全生产事故，研究制定以下应急预案：

1 总则

1.1 预案的用途

本预案为处置"田子坊"及周边区域（以下简称"田子坊"）安全生产事故应急处理工作的程序和组织原则。

1.2 预案的适用范围

本预案所适用的范围，是指在"田子坊"发生的，可能造成或造成人身伤害、财产损失的事故隐患或事故，主要包括以下几种情况：

（一）生产安全事故；

（二）消防安全隐患和火灾事故；

（三）人员聚集场所和大型活动事故；

（四）其他安全隐患及安全事故。

本预案同时适用于Ⅲ级（较大）安全生产事故的应急救援工作和Ⅲ级（较大）以上安全生产事故的先期处置工作（依照国家安全生产事故分类分级标准）。

1.3 应急处理工作的原则

（一）以人为本，安全第一。把保障人民群众的生命安全作为应急工作的出发点和落脚点，最大限度地减少事故灾难造成的人员伤亡

1

"田子坊"安全生产总体应急预案

应该说，上述由地方政府制定的法规，其生命力还有待于实践的进一步检验，这种检验的主要标尺是社会守法程度，然后据此有针对性地去加以完善。完善的基本原则是：第一，要兼顾立法使命和执法效果，二者不可偏废。从某种意义评说，法规主要不是立法者从主观世界去"设定"的，而是立法者从客观世界去"发现"的，这里有一个法规运用与市场效率的关系问题；第二，要兼顾管理者和被管理者的行为约束。法律制度还不等于法治，法治的真谛是在约束被管理者行为的同时，还要约束管理者的行为。当前我国法律制度最严重的缺陷莫过于只求依法治"民"，却疏于依法治"官"，一旦法律规则出现"例外"，

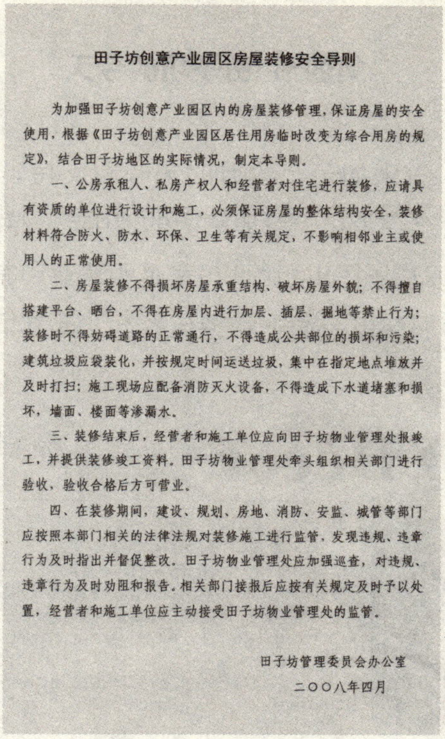

田子坊创意产业园区房屋装修安全导则

为加强田子坊创意产业园区内的房屋装修管理，保证房屋的安全使用，根据《田子坊创意产业园区居住用房临时改变为综合用房的规定》，结合田子坊地区的实际情况，制定本导则。

一、公房承租人、私房产权人和经营者对住宅进行装修，应请具有资质的单位进行设计和施工，必须保证房屋的整体结构安全，装修材料符合防火、防水、环保、卫生等有关规定，不影响相邻业主或使用人的正常使用。

二、房屋装修不得损坏房屋承重结构、破坏房屋外貌；不得擅自搭建平台、晒台，不得在房屋内进行加层、插层、掘地等禁止行为；装修时不得妨碍道路的正常通行，不得造成公共部位的损坏和污染；建筑垃圾应袋装化，并按规定时间运送垃圾，集中在指定地点堆放并及时打扫；施工现场应配备消防灭火设备，不得造成下水道堵塞和损坏，墙面、楼面等渗漏水。

三、装修结束后，经营者和施工单位应向田子坊物业管理处报竣工，并提供装修竣工资料。田子坊物业管理处牵头组织相关部门进行验收，验收合格后方可营业。

四、在装修期间，建设、规划、房地、消防、安监、城管等部门应按照本部门相关的法律法规对装修施工进行监管，发现违规、违章行为及时指出并督促整改。田子坊物业管理处应加强巡查，对违规、违章行为及时劝阻和报告。相关部门接报后应按有关规定及时予以处置，经营者和施工单位应主动接受田子坊物业管理处的监管。

田子坊管理委员会办公室

二〇〇八年四月

田子坊房屋装修安全导则

其法将最终失去效力，因为“法不两适”。但要根除“两适”谈何容易，其原因正如《商君书·国策》所言“国皆有法，而无使法必行之法”。田子坊模式的进一步探索，必将任重而道远，若能以上述指导思想去完善田子坊的法规管理，则其未来发展必将引领一个新的台阶。

第四节 田子坊的今天

春华秋实，古来如是。政府的关心和支持，换来了田子坊事业的蓬勃发展。迄今为止，泰康路上的210弄、248弄和274弄的671户居民中已有402户居民出租给179家企业营业，其业务主要是经营工艺品、首饰、服装以及酒吧和特色餐饮。而其旧工厂区域内已吸

来自韩国的“家居之美”

jooi DESIGN

1997年，Jooi Design 创始人Trine Targett来到中国开始了她的创业之路，1999年创立了起源于中国的汉字"如意"的"Jooi Design"品牌。2001年她在上海具有"纽约SoHo区"之美称，也有人称之为"国际艺术工厂"的泰康路田子坊开设了自己的工作室——Jooi Design系列产品将精致、典雅、时尚于一身又不乏少许嬉戏——就如东方系列选用高级女式服装所独特的羊绒、真丝面料以及高雅的刺绣工艺，灵感来自二三十年代资产阶级融入现代的生活方式；又如舒适的城市系列体现了人们奢华的生活以及怀念舒适温和的过去。

每年春夏和秋冬两季Jooi Design都会推出新品。如果你是一个热爱生活的人，如果你是一个关心环保、讲究资源再生或有机天然的人，那就绝对不要错过它——Jooi Design。

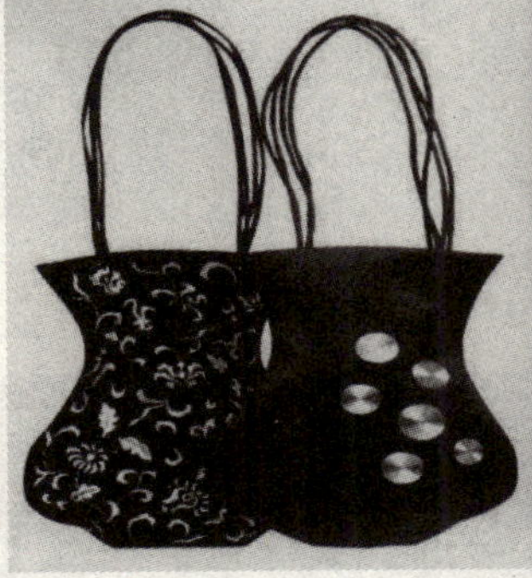

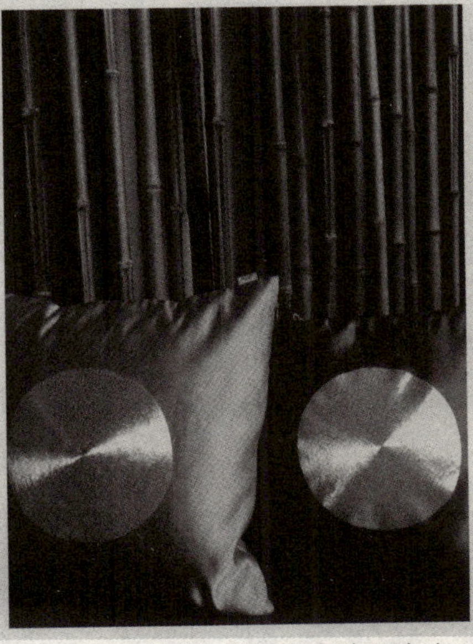

"田子坊"内的丹麦童话

引了包括来自韩国、澳大利亚、新西兰、法国、英国、新加坡、日本、中国香港等在内的26个国家和地区以及国内20个省市的179家中外创意企业入驻，其经营服务主要是室内设计、视觉艺术、工艺美术等，这里不仅经营者的国别是多元的，且其业务也呈现多元的性质，既有陶艺工作室，油画工作室，美术设计室，服装设计室，摄影工作室、建筑设计室、室内设计室、出版社、广告设计室、艺术馆、健身房、武术房、书店、古玩店、服装服饰店、咖啡馆、酒吧和娱乐中心等。两类区域共吸纳就业人员达880人，其中外藉人士80余人。

田子坊，这个不起眼上海普通旧区，从1998年著名艺术大师陈

陈逸飞大师工作室

汉源文化——尔冬强艺术中心

田子坊石库门保护公约签字仪式

获奖证书

逸飞、尔冬强、王家俊等入驻之后的10年里创造了不凡的业绩，开启了我国自筹资金利用旧厂房建立创意产业园区的先河，并在园内率先成立由创意产业企业自发组织的知识产权保护联盟，成为上海市第一个城市更新与历史建筑保护相得益彰的示范区。从而先后被命名为上海首批创意产业集聚区（2005年）、中国最佳创意产业园区（2006年）、上海最具影响力的创意产业集聚区（2006年），上海优秀创意产业集聚区（2007年，2008年）。

田子坊的新型改造模式奠定了企业、居民和政府“三得利”的利益分配格局。大凡社会都由三部分构成，即政府、非政府机构（经济实体）和公民，三者协调，社会和谐，三者失调，社会则不和。而三者协调的前提是人们对价值观及其行为方式多元化的理解，而决不能沿用传统的单一价值观和行为方式的视野去认知社会和判断是非。这种适应性包括了对社会舆论非单一性的理解和对社会利益诉求非单一性的宽容。价值观和行为方式的多元化符合了多样性导致稳定性的基本原则。

从田子坊入驻企业角度分析，由于市场前景看好和低成本准入模式，销售收入基本处于稳定状态，即便是金融海啸的2008年，时年188户入驻居民房屋的企业中已有半数盈利，另有半数正处于回收投资之中，而137户入驻旧厂房的企业已全部盈利。从卢湾区政府角

出租房屋后改善了生活的居民代表、陈家骏老人的生活照

度分析，每年能有300万元—400万元的税金收入，提高了政府为社区提供持续性公共服务的财政能力。从街区居民角度分析，凡已出租住房者，若平均以出租25平方米左右的面积计，其房租月收入稳定地保持在5000元左右的水平，其中有的兼职夜间保安或其他勤杂的，还另有雇金收入。如泰康路248弄49号底楼的房主陈家骏老人，在15平方米的厢房内一家三口已居住了18年之久，煮饭在楼梯与地面构成的三角形夹层底下，每当有人上下楼梯便不敢揭锅开盖，洗澡靠室外水笼头凑数，全家方便靠痰盂。田子坊改造之后，他于2006年出租了厢房，月租收入3300元，自己花2000元租用了附近的一套二室一厅新工房。已届古稀之年的陈老伯平生头一次用上了抽水马桶和天然气灶，还有1300元的余款贴补家用。他由衷地感激政府的恩泽，深切地拥护田子坊这种新型改造模式。为缓解暂时没有机会出租房屋的居民的失落感，由区政府实施利民措施，为35家住户不同程度改善了居住设施。

笔者为有效把握民意，于2009年3月13日在田子坊发放了对100户企业和100户出租房屋居民的问卷调查，其项目评价所设计的是满意度指标，属于受访者的主观性判断，还非客观性判断。但是，从中还是可以看出受访者的期望值与实际现状之间的距离，它对于政府优化决策不无价值。入驻企业的问卷调查结果显示：对企业经营效益的不满意率达67.85%，说明在金融海啸的严酷环境之中，企业经营业绩尚未复苏，但这与实际盈亏指标没有完全的对应关系；企业对商业环境不满意率为71.42%，这说明了田子坊市场环境、政策环境和经营条件尚有极大的改善空间；企业对政府服务不满意率为42.86%，尽管其不满意程度次于经营效益和商业环境，但足见管委会的管理与服务两大职能的位置关系有待调整和优化；企业对进入市场成本的不满意率为71.43%，几乎与对商业环境的评价相同，说明了田子坊市场的有效性程度亟待提高。居民的问卷调查结果显示：居民对田子坊改造模式不满意率为0%，足以说明这种改造模式是利国富民之举，顺乎了民心；居民对街区公共服务不满意率为87.33%，说明街区公共服务的硬件设施和软件条件均远未达标；居民对居住环境质量不满意率为74.13%，说明商住合居共存的环境尚未得到居民认可，其扰民因素的整治和改善尚未根本见效；居民对自身生活水平改善的不满意率为0%，这与居民得益的实际情况完全吻合。

田子坊模式决策的价值指向凸现了一个十分鲜明的主题，就是着力用非财政的方式去解决居民中的贫困问题。历史证明，贫困不仅仅是一个经济概念，还是一个基本权利和能力的缺失问题。当我国每1万人中就有6位千万富翁（《北京晚报》2009.4.15）态势下确定的最低贫困标准线，却低于世界银行的标准近一半时，势必会将大量事实上的贫困者剥夺了公共财政救援和扶助的权利，也就弱化了这些群体应对高额民生（医疗、教育、住房等）支出的能力。田子坊决策者为居民提供资产性收益的机会，实际上是一种非财政性的救助行为。在发放问卷调查的座谈会上，广大居民代表在充分肯定政府为田子坊提供有效服务的同时，所反映的一些困难和建议值得引起政府思考。这些困难和建议，既暴露了我们工作中的某些薄弱环节，又揭示了我们今后工作中的潜能。他们分别是：

其一，居民离开田子坊之后缺失相对稳定的租赁房源。由于出租原住房屋的居民基本上靠租用邻近房屋休生养息，但由于租期缺乏稳定性，提高了租赁成本。成本之一是缩小了出租原房屋的收入（5年签约期，即5年内租金不变）与承租居住房的支出（1年签约期，基本上1年后的租金即发生变化）之间的差额，导致盈利空间缩水；成本之二是变迁居住房所需的装修、搬家及精力体力的付出。缺乏稳定的可供租赁房源，不仅提高了已经出租房屋居民的生活成本，而且还间接抑制尚未出租房屋居民的出租欲望。据了解，许多有条件出租住房的居民之所以仍然处于观望态度，其主因就是出于这种担心。为此，居民建议政府能否在所辖行政区域范围收购一定量的长期缺失交易能力的房屋（据悉，上海市政府已收购此类房屋达4000余套），以解决他们这些“夹心饼干”（他们将自己喻之为既无资格享受最低标准的廉租屋对象，又无能力进入房产市场购置房源的人）的租赁困难；

其二，田子坊整修地下管线工程进展速度迟缓，一度影响了商业环境。整修地下管线是政府为田子坊长远着想的利民之举，居民认为此举值得称道。但他们反映，当时启动的开挖路面的工程抓得不紧，常常处于“三天打渔，两天晒网”的状态，从而使商业环境呈现“晴天满天尘土，雨天遍地泥浆”的窘态，严重影响了当时商店营业条件。如前所提及的陈家骏老人在问卷调查座谈上，曾道出了心中最大的忧虑就是面对时停时工的道路工程，他的“房客”已心存关门退租之意。直到地下管线整修完工之后，陈老伯心中的石头终于落地。纳税人缴纳的税收是一种换取未来公共服务的“订金”，而税率高低是与政府所提供公共服务的数量大小和质量高低呈等价关系。因此，纳税人完全有权利去评价这种公共服务的水平与功效。而公共服务提供部门有义务去听取这种评价或是批评。此外，从政府行使国家权力的根本职能判断，其存在的价值就是通过强制手段向社会提供公共物品（从基础设施直至路灯），以求节省资源、降低社会自我调节的巨大成本。假若舍其此，则政府存在的意义便会令人生疑了。

其三，对尚未出租房屋困难户的便民措施要讲究实效。座谈会上田子坊居民反映，政府对尚未出租房屋的困难户采取措施安装卫生设施是件好事，其目的是为了有效保证田子坊的整体发展。但这些困难户有的居住房源极其窄小，卫生设施一旦按装便占居了“半壁江山”，使全家恍如跻身于厕所之中，客观上有辱人格。因此，这一措施在实施前有关人员应当实地进行调查，然后增强方案的选择性和针对性，以免好事坏做。如同GDP作为一种国民经济交易的精确的货币规模统计，它虽能反映一个城市和地区的国民收入的总量与规模，但无法反映其结构和质量。与之相仿的是，地区社会经济的信息是难以完全靠统计数字加以反映的。虽然从统计的数字表明，区政府实施利民措施为35家住户改善了居住设施，但其有效性程度是无法从统计数字中看出来的。同样道理，这种便民措施功效的评估主体仍然是百姓。政府职能部门管理费用来之于税收，因此纳税是社会百姓的共同义务。但与此相对应，百姓有权对通过纳税购买来的政府服务作出是否符合自己需要的评价。

座谈会上，居民回想起俞正声书记当年视察田子坊时讲过一句意味深长的话，叫做“好事要做好，要做到底”。看来，居民反映的这三方面问题，其解决的指导思想应该是努力使这句话在田子坊落地。

第五节 田子坊的展望

田子坊的过去、现在和未来，贯穿其中的逻辑主线是探索、探索再探索。在人类文明的一切造物中，时间的通约集成度最高，在一切元素中，唯有货币可与之比肩。因此，时间是价值最可靠的度量。

在稍纵即逝的岁月里，人们从田子坊所体现的时代价值里，看到了它未来的发展目标，就是要打造卢湾乃至上海一张崭新的文化名片，这张名片的主体身份将有四个，即创意产业集聚地、历史

上海市有关领导视察“田子坊”

兄弟省市领导考察“田子坊”

驻沪领事一行在陈逸飞工作室

外省市领导在田子坊调研

风貌居住地、海派文化展示地、世博主题演绎地。这是一个发展主题互为关联的生态链，即历史风貌居住地的品位吸引了一流的创意大师入驻，在导致创意产业发展的同时，向世人展示了海派文化艺术，进而从城市功能升华的角度演绎了“城市让生活更美好”的世博主题。这个主题充分体现在田子坊的居民收入指数、社会幸福指数和社区共治模式的变迁趋势之中。为实现这一目标，田子坊将从两个层面进行探索：

第一个层面是探索文化创意产业培育、历史文脉传承、旧区改造创新三者之间的融合发展之路。

三者的关系是：前者是功能的目标体。田子坊繁荣的基础是产业发展，而产业的定位必须与街区空间结构特征相适应，这就是创意产业的目标管理；中者是功能的过程体。田子坊要实现创意产业的功能目标，其产业的从业人员之特性决定了对环境特征具有个性化的要求，即城市文化原生态的要求，其过程管理便是历史文化的传承；后者是功能的承载体。由于创意产业集聚在被改造的旧街坊，历史文脉传承的对象又是街区的传统风貌，因此其功能承载体必然是旧区改造。三者融合的内容包括：①打造创意产业（企业、名家）荟萃、活力无限的创意田子坊；②打造具有海派文化兼收并蓄特质的魅力田子坊，充分保护和配置田子坊历史文化资源，提高其商品转化率。③打造园区和社区之间功能互补、融合发展的和谐田子坊，在原住居民权益不变、原有住房形态不变、历史街坊风貌不变的前提下，实现居住功能综合化，居住对象多元化，居住设施现代化。

第二个层面是探索共建、共享、共治的和谐发展模式。

三者互为关联，共建是前提，共治是基础，共享是根本。其最终目标是构筑社会道德、社会纪律、社会权利和社会组织相得益彰的和谐社会。其内容包括：①共建示范。通过保护性维修，改善居住功能，进一步提高居民生活质量，构建社会和谐。同时，通过牌照式管理，合理控制各类业态的配比关系和结构布局，实现园区可持续发展；②共治社会。通过建立田子坊促进会，使居民与企业主共同参与管理，实现园区与社区的和谐相处、互动发展。③共享成果。其成果是风貌得以保护，文化得以传承，环境得以改善，居民得到实惠，社会得到和谐，企业得到发展。田子坊第二层面的探索，实际上是田子坊社区人人参与资源配置、人人享受社会财富的探索和实践。可利用资源的丰富程度决定了定向产品的劳动消耗程度，进而决定财富积累的程度。由于田子坊配置和利用的是可再生性的城市历史文化资源和供求失衡的劳动力资源，其可持续性不容置疑。

为配合上述目标的探索，田子坊将强化其对象管理，其主要内容是：

其一，确保两个“落地”。规划和政策的有效性，体现在贯彻和执行的力度之上。我国城市建设规划的非刚性特点，以及政策执行的随意性，是政府决策多变性的一种再现。为此，其关键是抓“落地”。这两大“落地”是：①确保总体规划落地。田子坊联合同济大学编制田子坊发展总体规划，并通过编制若干个“三年行动计划”，以项目化的方式确保规划落地；②确保试点政策落地。通过完善工作流程，确保田子坊“居改非”试点政策落地。

其二，实施两大工程。如果说总体规划是目标管理的话，那么与之相对应的过程管理就是确保两大工程的实施。这两大工程是：①公共基础设施配套改造工程。内容包括：埋设公共管线并扩容，翻修田子坊弄内道路路面，建造公共环境设施，安装技防设施，设置安全导引标识和旅游导引标识等；②居民和谐共处示范点工程。内容包括：实施房屋保护性修缮，新增抽水马桶等卫生设施，增设管道煤气，统一装修公共灶间，安装消防喷淋设施，统一空调外机架及滴水管，房屋外立面整修等；

其三，推动商旅文联动发展。商业与旅游是互为因果的关系，而文化则是创意产业“创意”的源泉，又是旅游者络绎不绝的最重要因素。其联动的内容有三：①进一步发展创意产业。诸如引进名企、名家、名牌，展示、销售创意产品，开展体验性消费等；②开发旅游产品。诸如开发田子坊旅游线路，编制田子坊旅游手册，打造旅游特色商店等；③加快文化发展。诸如启动“石库门生活形态”申请上海市非物质文化遗产保护项目，建立“石库门生态博物馆”，举办石库门文化节等。总之，田子坊模式的决策者决计要将隐含在石库门里的文化信息及其原生态价值充分挖掘、展示和配置起来。

其四，强化四项管理。为确保上述三项目标的有效实施，其配套管理的内容有：①强化安全管理。包括增设安全指示牌、出入口导向指标和应急通道等，建立区域消防系统，优化区域电力供求关系，及完善供水配套设施等；②强化环境管理。包括完成公厕、垃圾箱等公共卫生设施的调整设置，进一步加强对无证设摊、跨室经营的管理等；③强化治安管理。包括导入专业保安队伍，健全园区巡视制度等；④强化租赁管理。重点创造条件鼓励居民楼整幢出租等。

未来的设想毕竟只是一种愿景，其主观性要转向现实性，取决于事物客观规律的导向与人们价值观的指向之间吻合的程度。社会实践一再证明，人类理性中最为脆弱的一面会不断地误导人们通常去关注自己喜闻乐见的东西，而自觉不自觉地回避和排斥那些不符合自己口味的东西，甚至执意否定其客观存在，进而铸成现实与愿望之间的鸿沟。但愿人们在把握田子坊的未来发展进程中会成为鲜见的例外。

第二篇　解读田子坊的时代视角

第一节 发展环境视角

从发展环境视角判断，田子坊模式开启了城市有限资源可持续配置的先河。有效把握发展环境的时空特征，才能准确地解读田子坊为城市旧区改造确定的发展战略、选择的发展模式和设计的发展对策。综观我国社会经济发展的历史经验，它已经为后人提供了三点重要启示，即：增长不等于发展（低效和无效增长有损于发展）；建设不等于进步（建设性破坏设已经导致城市文脉支离破碎）；富裕不等于幸福（财富在某种程度上是对大自然的一种负债）。由于发展潜力的资源性制约，城市经济的发展空间选择应当及早实现三大转变，即从重复优势为主的空间转向转变劣势为主的空间。100年前古典经济学认为，转变劣势产生的效应往往大于重复优势；从总结成绩为主的空间转向剖析失误为主的空间。人类社会的每一次重大进步都是基于对自身错误进行深刻反思的结果；从强化目标管理为主的空间转向深化过程管理为主的空间。建国以来我国先后实施过的十个五年计划，其执行结果基本上都偏离了计划目标的初衷，原因在于宏伟的目标定位失去有效的过程管理支撑。

我国发展环境的不对称性彰显了发展所面临的主要矛盾是经济质量与经济逻辑的相背。我国发展环境的不对称主要体现在以下方面：

一是发展机遇与发展效率的不对称

从1900年我国清朝政府被迫接受西方8国联军进犯北平城的屈辱起，至2000年我国政府傲拒全球8国首脑峰会，其100年间国家的主权地位发生了天翻地覆的变化。回顾百年沧桑的祖国大地，竟历经了33场战争，平均每3年1战。在生灵涂炭的同时，国库耗尽，百业凋零。军费开支占国民收入的比重，北洋政府期间从29%—47%；民国政府则从29%—87%；解放以后至改革开放之前也高达9%—43%。

石库门内的创意经济

唯独改革开放之后，其比例直线下降至1%左右，军费开支比重的演化凸现了当前面临最佳的和平建设环境。由于战争因素的不可预测性，和平环境在人类历史长河中只是稍纵即逝的“片刻”。因此，珍惜机遇，努力在发展中富国强民实乃民族之本。

但是，由于发展模式的严重缺陷所致，我国的发展效率有背于发展机遇。表现如四：其一，财富积累水平低下。改革开放30年后的今天，我国人均财政收入仅3000多元（美国折合人民币人均超过10万元），中产阶层的比重才不过15%左右，而欧美国家已过70%；

其二，就业水平不高。由于资金要素对劳动的长期排斥，1994年以来我国企业配置资金的增长速度与配置劳动的增长速度之比高达6:1，以致经济增长率与就业增长率之比为10:1；其三，资源利用效率低下。以2004年中央政府决定实施宏观调控的年份为例，我国当年煤炭、钢材、水泥的消耗量分别占全球的1/3、1/4和1/5，而当年产生出的GDP只及全球的1/30；其四，社会和谐的任务日益艰巨。腐败、官僚主义和贫富差距的扩大性趋势，离间了党群关系，进而从根本上动摇了社会和谐的基石。人类生态学的一个基本观点是，多样性导致稳定性。换言之，只有当社会利益主体多元化之后，社会才得以稳定、协调、和谐。而社会利益主体多元化的前提条件是利益主体诉求渠道的多元化。

二是发展风险和发展管制的不对称

历史再一次证明，全球经济进一步发展的风险日益隐含在经济金融化之中，正是金融化促使各国放松了金融管制。2008年的全球金融海啸，其源头可以追溯到20世纪70年代发达国家以放松金融管制为主要内容、以自由化为导向的金融改革，它使利率和外汇先后放松了管制，银行、保险和证券从分业经营走向混业经营，银行被允许在离岸金融市场从事外币业务。资本项目的放开在发展中国家也正在启动闸门，从而为国际短期资本自由流动发放了“许可证”。虽然金融化运作曾经弥补了全球国际投资和贸易增量不足，但其资产总量严重背离了实体经济总量的适应性需求，进而放大了金融风险的扩散效应，美国次贷危机强辐射的风险效应便是例证。金融资产总量非理性扩张的一个重要原因，是金融部门的独立性正在无节制的膨胀。我国经济发展的综合性风险的酝酿也与管制不力相关。诸如，早年发生的输入性通胀的风险与我国外贸战略管制不健全不无关系；资源结构性短缺的风险与我国对生产结构的管制不当有关；生态危机性风险与我国产业退出管制不力有关。

三是发展收益与发展成本不对称

这种不对称的根源有二：其一，我国企业对低成本营运的模式依赖。我国企业误将在要素非市场化特定时期的工业经济增长和城市化快速进程视为“常态”，反而将要素走向市场化之后的价格理性回归视作“非常态”。因此，至今绝大多数企业负责人仍然将主要精力向呼吁政府降低要素价格的诉求倾斜。这里，国人务必清醒地把握：①我国要素低价供应的低成本竞争模式已经走到了历史的尽头，要素高成本竞争的模式正在开启新纪元；②从存在决定意识的观点出发，我国经济增长方式转变的前提条件已经具备，它就是要素定价机制的转变，即由行政管制的低定价走向市场导向的高定价；其二，经济显性成就掩盖了经济隐性代价。我国经济成就为举世所瞻目，但其付出的代价却并非为世人皆知，其中包括：①沉重的债务链。由于举债主体与偿债主体的非一致性，导致不良债务正在转移。全球对付不良债务的路径有三，即通货膨胀、银行倒闭和向子孙转嫁债务。目前，我国选择的是第三路径，但它正与可持续发展战略相悖，即用当今的“债务”去向子孙后代换取未来的储备性“资源”；②资源枯竭加速。据有关专家预测，按当前我国资源利用的速度计算，50年后我国进行工业化所需的主要矿藏资源可能将成为全球最短缺的国家之一。届时工业化的成本与收益的关系将构成严重背离之势；③生态危机的可逆性弱化。据专家判断，当前全球在一年之内消耗的矿藏性资源往往是地球在100万年之内的地质积累，其不可逆性是极其显见的。另据最新报道称，我国吸烟者数量已在逐年下降，但过去的30年中肺癌患者却增长了46.5%。对此，有专家认为其原因是大气污染已取代吸烟成为肺癌的第一杀手。大气污染形成的“灰霾”已成为京津冀、长三角和珠三角地区上空的常客，而在灰霾之地人人都成为“吸尘器”。克服我国生态危机的治本之策在于改变区域经济不合情（区情）理（区域经济理论）的分工格局，立即调整不分区域生态特征的“一刀切”式的发展模式，逐步由极少数沿海城市或地区承担起全国GDP的主要产出量，明确西部原生态丰富地区应以保护环境为其分工定位，财力的补偿性配置可通过中央财政转移支付来实现。在经济地区性分工局面优化的同时，经济发达地区面临的首要任务是加大产业结构调整力度，有条件的地区均应走田子坊的路子。

四是发展进程与发展阶段的不对称

其表现有三：其一，经济结构变迁与市场化进程不对称。由于要素市场化严重滞后、企业资本自主权的缺失和市场配置资源功能的不充分，导致经济结构调整的步履艰难。因此，举国呈现出以政府行政力量主导干预经济结构调整的局面，其效率普遍低下；其二，社会结构变迁与城市化的历史阶段不对称。城市化规律性进程的重要标志，是国家工业化的水平及其财富积累的程度。但在“政绩工程”的驱动下，城市化的进程出现了超越经济发展阶段的迹象，导致农业劳力非农化的进程普遍受制于社会保障制度的建立、城镇就业岗位的提供和征地补偿的力度；其三，公共权力结构变迁与民主化阶段不对称。公共权力结构变迁的价值指向是政府与社会的各自权力实现历史性的双向回归，其本质是一场旨在约束政府行为和权力的民主化改革。以我国民生行业走向暴利行业为例，其折射出政府执政目标的功利化趋势和社会权力的边缘化趋势。2005年12月19日《法制早报》公布的当年十大暴利行业的排行榜是：能源、药品与医疗、中小学教育、殡葬、教材出版、高速公路、有线电视、房地产、网络游戏和美容整形。这种不良趋势的出现，其社会背景显然与公共权力结构不无关系。而这种改革的进程将由民主化的发展阶段所决定，一旦超越了发展阶段，则任何一种政府管理体制改革的举措均会事倍功半。

五是政府体制与经济体制的不对称

国家成本主要体现在各级政府的行政成本之上。我国财政支出结构正在日益向政府倾斜，便是其特定的政府体制所决定，这种体制导致政府管理职能走向“全能型”。据对1978—2006年的财政收支增长情况统计显示，全国财政收入增长33倍，而财政支出增长35倍，支出结构中社会文教等支出增长73倍，而行政管理费用支出增长142倍。于是人们不难看出，我国经过改革开放之后的经济体制所释放的巨大能量，正在被传统落后的政府体制所吸收。政府管理体制的弊病正在从两大层面体现：

一方面是各级地方政府机构具备了自我扩张的机制。由于中央政府与地方政府之间机构的对应设置，既助长了中央政府机构的官僚主义和文牍主义，又模糊了中央政府与地方政府之间职能的界限，还为地方政府机构扩张提供了客观依据。这种扩张，其动力来自于利益驱动，因为权力是利益的源泉，而其结果往往以市场制度的弱化和社会个体权利的被侵犯为高昂代价。

另一方面是政府机构行政有效性程度的下降，导致公务员效能的低下。这种效能低下受制于三个原因：①政府行政方式落后。我国公务员即便不属“百里挑一”，也是从42名竞聘者中选出的1名，其整体素质水准较高。但由于政府文牍主义盛行，公务员陷入了“文山会海”之中而难以施展其才；②政府行政成本失控。行政效能的低下还衍生出行政成本高昂的后果。改革开放30年间我国GDP增长与行政管理费用增长相背离，且后者还在以年均23%的速度递增。因此，国民收入难以有效转化为国民财富。虽然我国生产了占美国40%的消费品，但百姓工资水平只及美国的4%；③腐败之风日甚。与非社会主义国家的芬兰相比，在《全球腐败排行榜》上，芬兰是全球廉政第2名（2005年前连续5年第一名），我国则排在50名之后。芬兰反腐倡廉的举措远没有我国繁多，但关键落实两条：一是管住公务员的嘴。法律规定公务员接受吃喝仅限于啤酒和三明治的水平，接受礼品不得超过24美元；二是管住公家的车。除总统外，有专车的仅限于总理、外交部长、内务部长和国防部长，且公车内设有信号跟踪器，旨在监督公车私用。与之相比较，我国用纳税人高薪聘请的公务员资源，其配置效率与配置成本倒置。

六是经济学原理与经济学使命不对称

古典经济学排斥公害研究已是不争事实，在传统经济学理论中，环境是一个空白。直至20世纪50年代，新古典经济学还将研究公害问题的著名学者K·W·卡普视作“异端分子”。与自然科学（物理学与化学）相比，经济学只有数百年的历史。环境和排污（废热、废物）的概念，最早还是由德国物理学家鲁道尔夫·库拉吾丘、英国化学家索迪以及经济学家中的少数先驱者，如捷沃斯（英国）等提出的。与之相比，18世纪的亚当·斯密尽管其在《富国论》中论述的体系成为近代经济学、马克思主义经济学和现代经济学的出发点，但其理论体系中并无“环境”研究的空间；曾经抨击过产业革命时期英国的公害对工人伤害的职业革命家马克思（见《英国工人阶级状况》1845年），由于历史的局限而难以预见到公害对地球危害的烈度；以“有效需求”为支柱的凯恩斯理论注意到了通过政府创造需求来实现对失业者的雇用，但忽视了雇用的资源和环境代价。他曾戏称解决失业者尤如挖井之后再填土。但他显然疏忽了挖出来的土与再填进去的土已不再是同一种土，因为它已经过风化和消蚀。

如果说排斥环境和资源对经济发展影响的研究，使经济学体系陷于“人类至上主义”的误区的话，那么新古典经济学延用牛顿力学的线性思维模式，采取严格假定的实证方法去诠释经济现象则是经济学日趋经院化的另一个致命原因。效用最大化、利润最大化和社会福利最大化，“经济人”、交易成本为零（即排除了制度结构和制度变化的因素），信息完全和信息对称，技术进步无障碍，消费者与纯生产者彻底分离等诸多在现实经济生活中难以存在的假说，导致经济学的适用范围局限于高楼深院之中，其根本原因在于一切现实的经济现象均被排除在“理想市场经济”的严格假说之外。于是，与制度安排、经济转型和发展模式相联系的新兴经济学科应运而生，这正是有别于西方主流经济学派的希望之所在。它也为中国经济理论工作者和广大经济管理工作者指明了如何建立中国特色经济学体系的使命和方向。2009年度诺贝尔经济奖学派易主，便是信号。

七是目标管理与过程管理不对称

我国建国以来的社会经济活动，包括政府生活中充斥着脱离过程管理支撑的目标管理，诸如：其一，经济考核偏离经济战略定位。中央政府正确地将科学发展作为我国经济发展的战略目标加以定位，但其作为过程管理的考核指标体系仍然主张非科学发展。其中尤以外资考核指标为最，它诱导地方政府非理性地追求外资总量，其直接后果是降低我国在产业链中的国际分工地位，延缓资本积累进度，加速资源枯竭，恶化生态环境和百姓生存条件，导致我国1/5城市人口生活在严重污染的环境之中；其二，分配政策偏离社会和谐的目标定位。我国收入分配政策重一次分配，轻再次分配的指导思想，弱化了社会初次分配的公平性基础，导致贫富差距呈现扩大性的趋势。这种分配宗旨与分配结果相背离的现象，是典型的过程管理偏离目标管理的倾向。

了解不对称性现象，是为了规避不对称、弱化不对称，进而在不对称的夹缝中求发展，而不是消极地屈从于不对称。

我国发展战略的选择必须正视发展环境。发展战略的选择离不开国家总体发展战略的导向，诸如可持续发展战略、科学发展战略和跨越式发展战略等。而区域性的城市发展战略与国家总体发展战略的关系，尤如战略与战术的关系、战略与策略的关系、导向与实施的关系。这种战略的设定，必须基于对我国宏观经济背境的认知与把握。正是这些背景对地方经济的发展，起着强制性的约束、支

田子坊内的“二井巷”

配和导向。它们分别是：

一是经济转型的背景。经济转型的本质特征是利益的重新分配，由于分配模式存在的缺陷，导致我国公共资源的配置尚处于非公共选择的状态。这种选择模式从三个角度导致地方政府无奈地接受事权与财权严重背离的局面，即：高税收政策导致企业和个人的财富快速向政府集聚，使全社会难以步出低工资时代的藩篱，进而加重了社会和谐的负担；分税制的缺陷导致地方政府缺失足够财力去履行事权，加剧了地方政府“竭池而渔”和“恶意竞争”的短期行为；较长时期的负利率状态导致工薪阶层财富的流失和资金排斥劳动，从财富贬值和财富萎缩的双重角度恶化了社会的预期，既降低了全社会边际消费倾向，又提高了全社会运行成本，原因在于社会各行业的执业主体以增收减支为宗旨。有消息证明，一家核心期刊，其年“版面费”收入高达数十万，甚至是百万。为减支，有些刊物习惯于将作者“专稿”编辑为变相的“专访”，以免除稿酬支出。至此可知，社会各行各业都拥有重新分配社会利益的手段，而在被动接受分配结果的对象中之弱势群体始终处于利益净流失状态。因此，田子坊模式的富民效应，其意义不可低估！

二是工业立国的背景。由于生产型增值税体制的驱动和传统考核指标体系的诱导，工业立市已成全国经济发展的主旋律。工业立市的目标与环境友好的目标是相斥的，使地方政府处于两难境地：为完成税收指标政府必须亲“企业”，努力替企业生产排忧解难，核心是为企业缓解要素指标和排污指标的压力；为实现生态指标政府又必须亲“民”，为民作主向企业交涉，交涉的指向是提高企业生产的降耗排污门槛，进而使企业“增忧添难”，而非“排忧解难”。两难之间的地方政府被迫“口是心非”，对企业是一种承诺，对老百姓又是一种承诺。其实，人才立国远比工业立国的决策高明，美国这个人口只占全球5%，建国历史仅200多年的国家之所以能拥有43%的全球生产力和40%的高科技产品，其关键是坚持了人才立国之策。因此，作为中心城区的田子坊发展创意产业是一种有远见时代的选择，它从构建理念高地开始，进而构建人才高地，再而追逐产业高地。

三是“非工业化”背景。随着经济全球化进程的加快，发达国家的扩散效应系数凭藉英特网和各国经济制度的趋同化而日益放大，加快了次发达国家和地区产业结构的前倾趋势，使服务业从工业体系中分离出来，独立形成产业，完成了“多数人的副业”向“少数人的专业”转变（马克思）。这一趋势的背景是：电子商务从技术角度下降了跨国企业所有权的控制成本，从而放大了企业活动的半径；WTO谈判又洞开了非开放国家的大门，从制度上为跨国企业分解生产流程，按照比较优势原则进行跨国、跨地域的全球性套利提供了方便。而这种套利的动机往往披着“友好”、“合作”的外衣，而蒙避国人耳目。以浙江余姚为例，其颇具实力的模具业曾被日本企业纳入全球产业链，并在生产过程中对其实行了一定程度的技术转移。实际上，这只是日本人为提升套利效率的一种战术动作，并非真正意义上的“友好合作”。当余姚企业准备进军高端市场时，日本企业便合力进行全方位的封杀，旨在使其永远处于日本企业套利布阵的囊中之物。基于这种动机，以环节型企业为先导的外资队伍沿着红地毯进入了神州大地，通过资本快速扩张的形式维系着15%的发达国家人口配置全球3/4资源的稳定格局。环节型企业是英特网时代产业组织革命的宠儿，她既为服务外包开启了需求的先河，又对受资国的本地企业形成“逼宫”。这是因为，它们产品批量巨大、成本低下、质标稳定、品牌醒目，正在向我国尚处于朦胧状态下的“小而全”和“大而全”企业，发起一种无招架之功的挑战。这对于多数只注重外资规模管理，而疏于外资质量管理的地方政府说来，无疑是当头棒喝，但对于少数善于作理性思考的政府决策者而言，不谛是一支战略清醒剂。两种不同行为的政府得到不同的行为结果，后者政府和企业拓展了先发性效应的空间，即利润的获取从价格空间走向成本空间；成本的下降从追求要素低成本走向追求非要素低成本。与此相适应，地区的跑量经济走向了跑单（订单）经济，存量经济走向了流量经济，工场经济走向了市场经济。田子坊模式便是这种经济模式。

在大批环节型外企进入市场低成本配置我国有限资源的同时，发达国家凭藉其对工业化进程的把握，纷纷提前占位国际矿山，能源运输以及期货市场，通过炒作和操纵的手段，利用发展中国家对工业化资源的渴望，迫使其在国际购售中“追涨杀跌”。国际大型基金之所以对我“逼仓”，其源是在全方位开放的国度里，我国商业机密已几近乎“内外无别”。因此，改变工业化进程的传统演进模式，充分利用全球化机遇以实现产业结构跨越式升级不仅是时代之需，更是国情所逼。田子坊正在悄悄地迈开步伐。

充分认知发展背景是正确设定地区经济社会发展战略的前提，其战略重心基本应锁定在产业战略管理、市场战略管理和对策战略管理等三个层面：

一是产业战略管理。产业战略管理主要围绕两个方面展开，即产业管理的目标战略和产业管理的绩效战略。首先从产业管理的多目标战略分析。它主要涵盖了以下内容：其一，产业政策管理。产业政策实际上是一种产业结构的政策，它根据地区发展目标及其定位，合理界定和选择重点发展和非重点发展的产业系列，并辅之以政策扶植。因此，地区发展定位是产业政策管理的先决条件，但定位必须是实的，而非虚的，尽量不宜用广告色彩的定位语言去取代地区发展的目标定位。例如，香港的广告语定位是“动感之都”，但城市发展定位实际上是国际商务中心；其二，产业组织管理。产业组织包含了产业的专业化分工配套和产业的空间布局，其目标是通过产业布局合理化、产业分工专业化来实现产业的关联和产业的集中；其三，产业评估管理。应根据地区用地指标的供需关系，围绕重点产业的发展方向，去设定新增企业的进入门槛和退出管理的依据，以实现土地等要素资源的最优配置。田子坊创意产业导向目录实际就是对落地企业的一种产业评估标准。

其次是要从产业升级的视角去强化产业的绩效管理。主要内容有三部分：其一，产业的技术升级管理。管理的重点有：①技术创新的环境管理。企业技术创新具有溢出效应，导致技术创新存在外部性。其表现为创新成果被盗，根源是知识产权保护环境不佳，最终提高了企业技术创新的成本，降低了创新的积极性；②创新意识管理。企业必须清醒地意识到，当企业创新投入与销售额之比为

2.5%时，仅仅能勉强维持生存，只有当比例达到5%以上方有竞争实力；③要素市场化管理。当非技术性要素（如土地、资金等）处于非市场化的低价位态势时，其排斥技术的现象便开始出现；④成果环节管理。我国科技管理部门对科技成果的管理环节正在前移，停留在成果鉴定环节，这不利于成果走向市场。应当将管理环节重心后移至成果转让环节，以推动产业的技术升级；⑤二次创新管理。二次创新管理的认知要点有三个层面，即外资效应要从资金效应利用转向资金、技术效应并重，关键是要提供足够的配套消化资金；关键性技术的引进由于巴黎统筹委的重点控制方针的影响，其出路只能以自主创新为主；技术模仿则要转向模仿创新，鼓励企业走二级专利体系之路；⑥创新基础管理。由于新技术革命时代的创新是一种基于社会平台的创新行为，它有别于法拉第时代的个人英雄主义独创行为。创新的基础是要构建低技术普及的平台和国民教育普及的平台。创新潜能的大小往往与城市规模相联系，原因就在于城市规模决定两大平台的基础。田子坊的创新正是最好的证明，它有效依托了上海大都市的基础平台。

其二，产业发展的国情管理。企业置身于社会之中，其行为不得不受到国情制约。我国的国情有两大因素值得引起人们关注：第一，资源储备结构的特殊性决定了相应的生产结构。我国“人多地少”的资源特征所呈现的劳动排斥技术的现象可以追朔到英国工业革命之前的公元十四世纪，当时，中国之所以具备了世界工业革命的条件而不率先发动，其源盖出自资源结构的特殊性，它决定了中国“不需要发明一种节约劳动的技术”。因此，少用土地、多用劳力，坚持技术密集型企业与劳动密集型企业同步发展是中国发展的经济逻辑。换言之，一个国家的技术选择不能脱离要素价格的变动趋势；第二，学习型社会的管理。当前，我国社会正日益步人模仿型社会，这于技术创新不仅无益，而且有害。文学艺术和影视的模仿态势，折射出人们形象思维能力的贫乏。追逐名家的“粉丝”一旦扩容至其他专业领域，其后果便是整个民族创新涌泉的干涸。问题的严重性更在于以下两方面：①社会模仿的背后是政府的“偏好”在起作用。这从2007年全国经过审片合格播放的影视总量中模仿品居半一事，便大有“一叶知秋”之感；②模仿正在向各领域蔓延。模仿之危害不仅会丧失民族的创造力，还会将全社会有限资源的配置向非核心价值领域倾斜，甚至还会错误领悟被模仿对象的真谛。20世纪80年代我国在借鉴日本经验时，显然忽略了其创新型国家建设的战略。这个国家在20世纪70年代实行模仿创新起，一直致力于基础科学的研究并已进入收获期。继2000—2002年连续三年日本4次获得诺贝尔奖之后，2009年份的评奖揭晓中，日本在当年全部9名得奖中荣居4名。这与自1990年以来日本研发经费支出占GDP比重一直雄居全球第一不无关系。面对这种激烈竞争，我国科研事业日益行政化的趋势实在令人忧虑。以我国院士制度为例，有专家戏称之为政府行政决策的产物，既无法律根据，与国际社会又无可比性，反而人为地构筑起科学“神坛”，成为全球少数面临困惑的国度之一。为此，专家们对其质疑之处是，我国的科学院和工程院就是国外的学会，而其“院士”则是其会员而已。当诺贝尔奖成为中国人遥远之梦时，人们自然会退而求其次，将院士作为其终身追求的替代目标，至少在国内其地位堪与“诺奖”比肩，而得手的途径又是多元的，其中已有媒体披露出关系渠道。除形象思维领域创新乏力之外，人们的抽象思维也开始向模仿探路，高等教育、产品研制、学术探讨，直至城市改造和发展定位无一不以模仿为时尚。从此意义评说，田子坊模式创新是一种“反潮流”的举动。

其三，产业组织管理。我国产业结构调整所释放的效益正在被传统落后的产业组织形式所吸收，其后果进一步彰显了产业组织管理之重要。产业组织管理的内涵如前所述的内容之外，还需强调的有两个命题：第一个是产业集中。体现产业不同集中内涵的是三个概念，即产业集群、产业集聚和产业集中。正确认知三个概念的区别和关系，对于优化产业组织管理至关重要。产业集群是指产业在特定区域内的配套式集中；产业集聚则是指同类产业在空间布局结构上的分布式集中；产业集中通常指的是同行业中市场份额向少数龙头企业的集中；第二个是物流革命。物流业已成全球继制造业和商业之后的第三大利润源，其特征是提高了运输效率，降低了运输成本；从以产促销转向以销定产，降低了库存，提高了资本周转率；结束了企业“小而全”的模式，开启了供应链管理的时代，实现了产业组织的划时代革命。

二是市场战略管理。市场是市场经济的形态和功能合一的载体，其管理成效决定一个地区经济的兴衰。市场战略管理之要有三：其一是市场培育。市场培育要抓好三件事：①市场有效性管理。有效市场的标志是企业进退市场门槛低（重点是指要素配置成本低）、市场的权益和信息对称，法治严明；②市场专业性管理。专业化商品市场内在关联度高、配套集聚性强、互补性空间大，易统一、易做大，易做强，也易延伸产业链；③生命周期管理。市场选址、市场定位均需作专业性的市场预测，决不能单凭地产开发商的思维和偏好去进行行业性的需求判断。需求预测在空间维度上必须兼顾本地区和周边地区供求关系的博奕，在时间维度上必须作动态性的需求预测。田子坊里的许多小商品店，实际上就是创意企业设在市场上的观察哨、情报站，旨在为生产提供市场需求预测。

其二，市场品牌管理。市场品牌与产品品牌、企业品牌互为因果，它除体现在市场的有效性管理上之外，还体现在市场品牌的价值管理上。首先是品牌的价值管理。据相关研究，品牌具有如下功能：①品牌作为区分的标志，具有识别功能。市场或企业一方面可以把品牌命名、设计、包装等作为树立品牌形象的个性化要素来考量；另一方面品牌名称和标志又可以经过法律程序向政府机关申请注册，成为享有专用产权的商标而受到法律的保护；②品牌作为沟通代码，具有信息浓缩的功能。品牌是一种错纵复杂的象征，它将符号、单词、客体和概念同时集于一身，浓缩了属性、名称、包装、定义、历史、声誉、诚信等多重信息，进而成为消费者搜寻记忆的线索和对产品选择的依据；③品牌是一种承诺，具有安全功能。品牌的这种承诺是通过提供利益优势，谋求与消费者建立长期的而非一次性的、稳定的而非随机的关系；④品牌是无形资产，具有价值功能。品牌通过其意义、品质和特征给顾客提供一般产品所难以提供的功能性和心理性的价值享受。因此，品牌能够将顾客关系价值化，继而又使价值利润化。从此意义上判断，品牌的虚拟性与物质性是统一的，即品牌价值是未来的利润、成倍的利润和持久的利润。尽管田子坊还没有响亮的商品品牌，但已是我国创意产业载体的品牌，也是城市旧区改造模式创新的品牌，更是城市文脉传承的品牌。

其次是品牌的管理阶段。品牌是全覆盖的，包括了市场、单位、城市、乃至国家，这里仅指企业和产品。品牌管理的重要性是不言而喻的，由于缺失品牌效应，千百家中国茶厂在总体实力上竟不敌一家英国立顿。我国出口茶叶之所以在国际市场上每公斤仅值2美元左右，平均茶价远低于印度和斯里兰卡，全归于品牌力量的薄弱。品牌管理有三个重要阶段：

①品牌培育阶段。品牌培育是需要投资的，但这是一种价值投资。因此，海外企业在我国落地之后，前三年是品牌建立时期，此阶段企业考核的是价值指标（如市场认知度、接受度和占有度），而非利润指标，这与我国企业反之。品牌投资形式的传统做法是广告，但随着广告失实严重，其效应日益淡化。因此，代之以起的投资形式是“产品召回制度”等诚信行动，以取代诚信广告。可以断言，一次产品召回胜似十年产品广告；

②品牌保卫阶段。从某种意义上说，品牌保卫比品牌建立更难，任务更艰巨。其原因有两方面：一方面由于品牌地位的确立，改变了社会消费需求的流向，“树大招风”效应引发同行与品牌企业之间的不正当竞争，在混淆社会视听之后，极大地分散了经营管理者的精力，有的甚至因此在竞争中败北；另一方面在伦理社会的中国兴盛“一荣俱荣”的理念，社会亲情关系网会乘势施压，借机推销贴牌产品的请求接踵而至，有的因此被迫导致品牌贬值；

③品牌延伸阶段。一旦品牌卫冕战告捷之后，品牌的延伸与经营是其最重要的任务。有人断言，若是撰写美国过去10年的营销史，最有意义的趋势就是品牌延伸。品牌延伸的目标是最大限度地去占领市场，据联合国工业计划署的一项调查显示：著名品牌在整个产品品牌中所占比例不足3%，但其市场份额却高达50%以上。品牌延伸管理主要有以下两种方式：第一种是直线延伸战略。这种战略是指采用同一个品牌名称，去生产相关性强、需求类型相近的系列产品的战略。例如同一品牌的固体、粉剂和液体的洗涤用品，又如同一品牌的蚊香加热器、电蚊香片、蚊香水、防咬水等防虫驱蚊用品等；第二种是伞状延伸战略。这种战略是指用同一品牌去支持多个不同类别的产品生产战略。如日本的三菱品牌，内含车辆、家电、摩托、钢琴、吉他、计算机声卡，甚至是银行。田子坊规范入驻企业经营行为之举，实乃在培育市场品牌。

其三是市场营销管理。美国企业管理部门曾经在概率统计的基础上得出过“二·八”规律的结论，即20%的回头客正在创造企业80%的业绩。以此延伸的结论有：一个企事业单位20%的先进分子正在创建80%的业绩，20%的医院门诊老病号正在创造80%的收入等。在这种规律认知的基础上，西方社会率先推出了“顾客关系”的管理，其核心目标是追求和扩大回头客队伍。顾客关系管理的逻辑程序是：第一位是讲究服务的效率；第二位是讲究产品的质量；第三位才是追求产品的价格。西方企业这种营销管理的次序排列，符合了西方成熟消费者队伍对产品购买时的偏好。这种偏好折射出消费者良好的心态价值和文化素养，换言之，西方消费者对产品的精神享受和物质享受具有同等的嗜好，二者之间消费者对前者要求有时甚至高于后者。这正好与我国消费者普遍热衷于投身价格消费战的偏好相左。西方消费者舍得通过支付商品的高“价格”去购买商品的“服务”与“质量”的消费逻辑，已经唤醒了我国的少数市场营销者，他们良好的服务记录已为企业带来巨大的转移性效益，海尔集团便是其中的佼佼者。卢湾区工商局制定的一系列规范田子坊市场行为的政策法规，其实际效用的判断标准也应是顾客关系管理的结果。

我国企业普遍不重视服务，其源盖出于看不清服务所产生的转移性效益。服务的环节包涵了售前、售中和售后的三个种服务。售前服务主要是为襁褓之中的产品争取未来的客户群。如国外大型企业往往会在主要商场人流密集处开展有偿征集专项产品的设计意见，经过对顾客建议汇总之后的设计方案集中了未来消费群的集体智慧和购买偏好。一旦这种产品闻世，其固定的客户群体早已形成。企业与顾客的双向互动，有利于建立顾客关系队伍，又能促使产品设计人员紧追消费潮流，还能填补产品的市场空白。售中服务是指在产品销售过程中的一种双向互动，它有利于激发顾客购买欲望，增强对产品的满意度，是市场营销中最重要的环节之一。售中服务包括了为顾客挑选商品、现场示范商品、快速完成售货过程和接受各种代办服务等。售后服务是指商品进入客户群之后建立的一种事后服务体系。

发达国家企业与我们的最大差异在于，前者将售后服务视作来之不易的一种商业资源；而后者则将之视为负担，误以为是一种“负资源”。其实，售后服务对企业产生的效应是：①与顾客建立长期互动关系的机会。有了关系，就有了回头客，也就有了稳定的收益，而我国企业普遍不懂得这一点；②有利于改进产品设计，扩大消费面。售后服务是促进技术进步、改进产品设计、完善产品功能，进而扩大市场份额的重要前提；③有助于品牌增值。售后服务也是一种品牌投资，其支付的代价是劳务支出和材料消耗，而换来的却是类似于召回制度的功效，其效应是广告无法比拟的。田子坊的技艺制作场点实际上也是顾客关系管理的互动基地，例如陶艺馆等。

三是发展对策。对策管理本质是对应于城市发展目标定位的过程管理，其要求必须具备针对性、适用性和可变性的特点。其主要内涵是：其一，政策资源配置的管理。政策资源配置是发展对策管理的重心，是决定要素资源配置效率和水平的关键。我国华南地区的经济高增长，实质上是一种先发性政策的收益。因此，政策资源配置管理至关重要，必须抓好三个环节：①政策选择。政策作为一种重要的公共资源，其配置必须走向公共选择。唯此，政策效能才能最大限度地激发。公共选择应体现在两个层面上：一方面对区域范围内的自主政策（有别于自上而下的输入性政策）的设定，要经过地区听证会等形式进行公共选择，旨在获得多数人的支持和理解；另一方面对于上级下达的政策，其适用细则的设定也应该经过公共选择，以免出现类似于废除审批制项目的备案条款苛于审批制条款的怪现象；②政策实施。政策实施是政策资源配置的过程，其过程要注意抓好两点：一点是在坚持重大原则的前提下，政策把握的宽严度应以有利于实现政策设定的初衷为准，即以促进地区良性发展为根本前提；另一点是对于无法适应地方发展定位的政策要及时作出执行性反馈。田子坊的“居改非”新政落地就是对传统政策执行性反馈的产物。从某种意义分析，政策是一种试探性“下药”，其完善有待于实施结果的反馈；③政策评估。政策评估的参数是政策初衷合理度、政策实施适应度（包括不适应原因分析）和政策完善依据等。在此基础上作出政策修订或反馈的建议。

其二，政策资源配置重心的管理。在当前国内宏观调控逐趋经常化和制度化，国际原材料价格不断变动的环境之下，地区政策资源配置重心和配置手段均应有所创新。综观国内先行地区或经济发展势头不减城市的做法，有如下启迪值得我们在解读田子坊时借鉴：第一，配置重点要从要素供给政策（如土地政策和资金政策）资源为主转向以非要素资源为主。由于要素的日趋短缺，低成本、无节制供给要素资源的时代已经结束，而非要素政策资源仍相对富裕。诸如，要素配置的政策资源，主要是指提高存量要素配置效率的政策，如存量土地利用政策、资本产出率提升政策、节能降耗激励政策和人才鼓励政策等。第二，配置手段要从政策资源走向与对策资源并重。对策与政策仅一字之差，长期以来曾被贬为“上有政策，下有对策”的阳奉阴违行为。其实，这是一种曲解，理由有三：①政策具有不完善性。政策与法律之间的差异，在于前者具有非强制性、非平等性和非完善性的特征，而后者具有强制性、平等性和非随意性的特征。换言之，面对政策的不完善性所形成的漏洞，政府缺失法律依据和法律手段去对“钻空子”者行为进行强制性的禁止。“违纪”和“违法”行为在市场法则中不处同一地位；②对策是政策完善之母。任何一项政策走向完善的过程，都是从对策反馈的借鉴中完成的。换言之，没有对策，政策无从创新。田子坊“居改非”政策的创新探索便是例证。因此，限止对策的行为无疑是限止政策的完善；③对策的目标指向应是实现地区经济的功能定位。对策管理的动机和结果只要是有利于地区经济振兴，就不该过多责备，其依据是邓小平同志的“白猫黑猫”论。

当年卢湾区打浦街道对田子坊开发模式创新的政策，其动机便是有利于街道经济振兴和居民生活生活水平的改善，故而能光明磊落，敢作敢当。

第二节 城市规划视角

从城市规划视角判断，田子坊模式增进了城市历史文化传承与城市功能变迁的协调关系。田子坊的发展历程告诉我们，我国社会经济的转型必然会从理念、制度、机制、价值观、方法论等诸方面对城市规划产生深刻的影响。这种影响在城市经济基础、自然环境、资源条件、人文历史等因素的交互作用之下，迫使城市规划面临新的机遇与挑战。因此，从多维视野认识城市规划的原则、方法及其发展趋势，对于城市改造和功能提升具有十分重要的现实意义。

一、城市规划的前瞻视野。城市规划前瞻视野的体现有两个层面：一是城市规划管理的前瞻性。这种前瞻的视野是基于城市规划管理的严重滞后现象而言的：其一，城市规划国际化标准建立滞后。随着后WTO时代的来临，作为现代服务业的重要领域之一的城市非总体规划项目终究将向社会开放。面对未来激烈的市场竞争，我国早已承诺开放的城市规划领域中的“市场准入”标准和“国民待遇”标准亟待制定；其二，城市规划设计市场规范滞后。原生市场的非规范性，导致我国规划设计市场发育滞后。规划设计竞争的无序性、不正当性和低水平重复性行为充斥市场，既弱化了市场基础功能，又降低了我国城市规划设计的水平和层次；其三，城市规划的监督和公众参与机制构建滞后。我国规划体系中既没有实施监督的信息公示要求，也没有相应的社会约束机制，更没有健全规划监督的基础性标准规范，甚至缺失规划项目的有效委托、项目的评价和项目科学的修改程序等循环机制。

二是城市规划管理的主动性。城市规划管理从被动式走向主动性，是我国经济转型的必然结果。其表现有以下方面：其一，城市土地利用政策的主动性。土地要素进入市场是我国经济转型以来发

位于田子坊248弄的现代画廊

生的重要变化之一，它将公有制体制条件下的“无偿划拨”使用模式转向了“有偿转让”利用模式，其负面效应是受盈利机制的驱动而致使土地偏离了合理利用的轨道。针对这种情况，城市规划的主动性应体现在控制与引导的兼顾之上，即对一切必须控制的地区（段）实行严格的控制。在这种主动、优先控制的前提下，从被动的任由开发商（往往具有政府背景）牵着鼻子走，转向主动地引导土地利用和开发的方向；其二，城市规划方向的主动性。现代城市规划方向已经从单纯的形态规划为主，向形态规划与功能规划相适应的方向发展，即城市规划必须与城市经济、社会和文化的发展相协调。为此，城市规划的主动性要体现在物质空间形态设计的新概念上、城市内涵的新精神上及其规划设计人员的新思维上；其三，城市规划管理的主动性。长期以来，我国城市规划中的用地和建设项目的管理，仍以是“人治”为本质特征的行政管理，并以行政审批为主要手段。当计划模式转向市场模式之后，“人治”手段必须转向“法治”手段。在这种转变中，规划管理的主动性主要应体现在宏观管理层面上，即各级政府对城市规划管理的行政干预模式的优化之上。至于城市规划管理的微观层面的关键，是要严格执行《城市规划法》（1990）和许可证制度及其控制性详规。换言之，城市规划主动性体现的重心在于“管理”而非规划自身；而管理的重点又在凸现“法治”，淡化“人治”；其四，城市规划价值观的主动性。城市规划价值指向的偏离，最终背离了城市建设的初衷。这种背离的本源是规划价值取向的“物本主义”取代了“人本主义”。因此，城市规划价值观的主动性将充分体现在城市建设的科学发展理念和“以人为本”的价值观之上。田子坊改造模式最成功之处，便在于人本理念的牢固定位。

二、城市规划的伦理视野。城市规划学科定位的悄然变化始于20世纪中叶，其科学属性的专注型逐渐被公共属性的兼顾型所取代之现实，彰显了城市规划理念中“以物为本”和“以人为本”之间的替代性冲撞，其替代过程折射出城市规划中的一个伦理问题。与2010年上海世博会主题相比，我国城市排拆生活的趋势日甚，马路越修越宽，楼房越造越高，居住者越搬越远。在全球楼宇最高的城市中我国占了四成：按200米以上高度的楼宇数比较，纽约35座，位居第一，以下分别为：香港30座，迪拜25座，上海21座，芝加哥17座，深圳13座，东京11座，休斯敦10座，新加坡10座。个中的伦理问题集中体现在城市规划的“三大价值”之争上：

其一，城市规划的公共价值。公共利益成为城市规划取向的核心价值，这是天经地义的共识。按照马斯格雷夫提出的财政三大职能判断，城市规划所涉及的领域基本上属于为“满足公共需要”所需的“公共产品”，它既有利于提高政府的社会管理和统治能力，又能使城市公民能非排他性地共享。为此，城市规划是否符合伦理规范的价值判断之一便是其能否有效地保护公共的利益。但是，事实上城市公共利益正在被两大矛盾冲突所侵犯：一方面是城市空间及土地的经济利益最大化与城市生活空间环境价值人性化之间的矛盾。二者之间冲突的本质是“剥削空间中牟取利润的资本要求与消费空间中维持生存的人群需求之间的对峙”（列斐伏尔Henri lefe-bve：《空间的生产》）。田子坊从上世纪90年代创业之初，直至今天的模式之争正是这种冲突的回响。这种剥削空间的手段是：开发商（往往具有政府的背景）私自改变居住区建设规划，擅自增加容积率、挤占公共绿地。其本质是强势群体对弱势群体的一种体制性侵犯。另一方面是政府长远的公共价值目标与短期的经济价值目标的矛盾。由于财权与事权的普遍背离以及某些官员堕入“寻租”之网，导致地方政府行政干预失之偏颇（既有干预不力，更有干预失当），从而使“规划指导土地开发”的原则屈从于“土地开发进程胁迫规划改变”的现状。城市规划偏离公共利益之源出于两种情况：①干部任期的短期性交替导致城市规划的非连续性；②干部考核的形态性指标导致城市规划的非实用性。

其二，城市规划的公平价值。当前，我国城市规划行为偏离公平价值的成因是：①对绝对平均主义的过度反应导致“效率”侵害“公平”。改革开放以来，反思绝对平均主义的娇枉过正行为，扭曲了效率与公平的正常关系。从正常关系判断，经济效率是社会公平的物质基础，而社会公平又是经济效率的精神支柱。当效率危及公平时，损害的将是绝大多数人的利益，因为此时的社会利益正在向少数人集中；②社会利益重新分配的决策主体置身于强势群体之中。经济转型的本质是社会利益的重新分配，其分配模式和方案设计的决策主体是政府及其能影响政府行为的少数国有垄断行业的代表。这种利益分配的最终结果势必加剧了强势群体与弱势群体之间在利益占有上的“马太效应”；③公共资源配置模式的非公共选择导致弱势群体失去利益诉求的权利。只有公共资源配置从少数人选择走向多数人选择，从个别选择走向公共选择时，分配才会公平，社会才能和谐。当公共资源配置有失公共选择时，弱势群体由于利益分配决策资格和利益分配诉求资格的双重缺失而导致其地位进一步弱化。这种后果体现在城市规划的实施结果上，便是形成了城市新近出现的“贫民村”。

其三，城市规划的公开价值。我国城市规划管理的非公开性，源自市场行为的不对称性和政府行政方式的不透明机制：①市场信息失真。我国市场有效性差，导致市场的信息缺失对称，隐匿信息的行为盛行。“三无”产品便是缺失信息的产品；证券市场上的信息披露失真现象也是信息缺失对称的表现。城市规划设计市场的“暗箱操作”行为比比皆是，诸如规避招标、虚假招标、合谋吞标和串通陪标等行为充斥市场；②事前公示缺失。我国大多数情况下，工程建设项目在审批前不作公示，以致丧失了接受社会监督和集思广益的作用，不仅弱化了城市规划管理的约束机制，而且又易导致规划管理主体的行为失范；③行政干预频繁。行政干预的失当导致城市规划失去公开机会，而这种机会的缺失进而又导致有效的城市规划被“形象工程”所颠覆，引发资源的浪费和城市后遗症加重。又由于城市规划监察功能的发挥受制于人力和信息收集等方面的障碍，导致隐蔽的违规建设行为得不到及时纠正。以天津老百姓保护五大道历史街区为例，在其中一栋古老建筑的“保卫战”中，城市志愿者每天去现场录像拍照，举报17次，拆迁叫停6次。但每叫停1次，第2天就拆，当第6次叫停之后建筑永久地消失了。为此，田子坊模式创新的决策思维与传统“形象工程”思维的博奕，是值得浓墨重彩的篇章。

三、城市规划的生态视野。生态城市的概念在我国最早是在物理学大师钱学森教授于1992年的“山水城市”构思中成形的。其应对的现状是作为人类聚居的主要载体——城市，其环境质量的每况愈下。迄今为止，我国1200多条河流中已有850条受到较严重的污染，以致全国666座城市中有400多座处于水质性缺水状态，有200多座城市陷于每年排放的6.6亿吨工业垃圾（累计高达64亿吨）和1亿吨生活垃圾（每年以8—10%的速度递增）的包围之中。此外，我国酸雨面积已占国土面积的1/4—1/3，至于主要大城市的噪声扰民现象已占60%以上。为此，城市规划的生态管理已到了极其紧迫的程度。

一是要强化城市生态要素的评价。据有关专家建议，城市生态要素的评价应履行如下程序：其一是生态要素的调查。生态要素调查旨在为把握规划区域内的生态特征、生态过程、生态潜力与制约，提供自然、社会、人口、经济与环境等方面的数据与资料；其二是生态分析与评价。其内容主要是运用相关的理论与技术方法，对已经掌握的数据与资料进行生态过程分析、生态潜力分析、土地质量与区位评价、生态敏感性分析和生态适宜度评价等。

二是要强化城市生态建设规划。相关研究显示，环境建设规划机制包括以下内容：其一，城市人口容量规划。必须通过研究人口分布、规模、自然增长率、机械增长率、男女性比、人口密度、人口组成、人口流动等基本情况，综合运用人均粮食指标法、人均耗水量指标法等方法，参照国际成功经验和指标，以确定我国城市人口的最佳适宜规模；其二，改善自然生态环境规划。自然生态环境的利用和保护要与合理的控制和改善结合起来，实行主要污染排放总量的预测、监视和控制，并按功能区实行分区生态环境质量的管理，以实现生态规划之目标；其三，优化城市功能区规划。要以土地合理利用为抓手，采用数值聚类法等现代数理工具，将土地利用评价图、产业和居住用地适宜度等图纸进行叠加性整合，以设定城市生态功能区划及与之相适应的产业布局结构，构建资源循环利用的产业生态链结构，使城市的土地利用建立在产业布局结构优化、生态关系结构合理、环境要素结构良好的格局之上。田子坊委托同济大学制定的总体发展规划但愿能充分体现这一原则；其四，城市绿化系统规划。要通过城市各类绿地用地指标的设定，优化城市绿地系统的结构形态和布局形式，以构筑城市植物群落结构有致、植物配置结构合理、绿化效益结构优化、地理形态结构和谐的有机体。

三是建立生态规划的指标体系。生态规划的指标体系的建立应当同步于城市规划设计，甚至更先行一步。其指标体系包含了经济、社会和环境等方面的要素，它既是城市生态规划的指导依据，又是城市生态规划的评价依据。其一，城市经济发展指标。经济发展指标主要涵盖城市经济发展的规模、速度、结构和效益，它同时要把握城市经济发展对城市发展的产业用地需求、交通运量需求、能源消耗需求，环境容量需求以及各类要素市场发展的需求等。其分类细化指标应当包括人均GDP、人均财政收入、城市居民年均可支配收入及农民现金收入、工业能耗、物耗及排污水平等。其二，社会发展指标。社会发展指标主要是反映城市对人口增长、社会治安、医疗卫生、城市灾害等的应对能力。其中“人口增长”一项还会衍生出居住状况、子女教育、社会就业等子系统的指标要求；其三，生态环境指标。这类指标包括人均公共绿地面积、主要污染物的排放度、空气和水环境质量、噪声控制水平、生活污水处理率、工业废水重复利用率、生活垃圾无害化处理率、工业固体废弃物循环利用率、饮用水水质达标率等。这些指标设定的目标指向有三，即既要有利于提高居住群体生活质量，又要有助于提升城市有限资源利用效率，还要有利于提高城市经济的综合要素生产率。2009年8月12日国务院常务会议通过了《规划环境影响评价条例（草案）》，为城市规划的生态环境评估奠定了法律基础，规范了政府审批行为。但是，其执行的阻力仍然存在，主要来自利益冲突，因为“规划环保所注重的长期利益、全局利益，往往与‘审批规划’的部门利益和‘短平快出业绩’的地方利益相冲突（潘岳2007年）。”

四、城市规划的投资视野。城市发展是21世纪全球发展的主旋律，据联合国人居中心发表的《世界城市状况报告》，2002年全球已有半数人口居住在城市，其人口超过30亿。绝大多数发达国家（地区）和部分发展中国家（地区）90%以上人口居住在城市。其中，美国为97.64%，日本为95.5%，新加坡更是高达99.83%。据预测，人类社会到2030年城市人口将高达50亿。对这种水平的响应，我国660座城市中，城镇人口已高达5.2376亿人，城市化率为40.53%（2005）。人口的高度集聚、经济的适应性扩张，势必要求加快城市化建设的步伐。据联合国开发署推荐的标准，发展中国家城市基础设施建设投资应占固定资产投资的9—15%，或占GDP的3—5%。与之相对照，我国从1952—2000年间的近半个世纪里，城市基础设施建设投资占固定资产投资的比例仅为4.3%，城市基础设施建设投资只占国内生产总值的1.7%。

如此巨大的投资缺口，彰显了两大问题：其一是我国城市基础设施建设步伐远远滞后于城市化的速度。根据有关研究证实，城市化水平每提高一个百分点，城市基础设施建设投资需增加2600亿元计，至2000年的50%城市化水平的要求，则我国本世纪头20年的城市基础设施建设投资总量将高达20亿。按照目前我国城市基础设施建设投资的增长速度判断，这是难以达到的；其二，我国传统的投融资体制已难以适应现代城市发展的需要。这种不适应迫使我国城市建设投融资体制面临三大转变：

①投融资主体的转变。由于我国投融资主体的政府身份，其产生的负面效应是多方面的：首先是模糊了管理职能和投融资职能的界线。其结果是造成监管主体与客体的不分，导致监管职能严重弱化，致使投资效率低下、投资浪费严重；其次是城市建设资金严重不足。由于地方财政支出的全覆盖性，城市建设投入的比重逐年下

滑。20世纪90年代之前，我国城市维护建设税和公用事业附加费的两项资金，作为政府预算内支出中用以城市维护建设的主要资金，占城建资金总量约为40%左右，但进入21世纪之后这个比重迅速下滑至20%。因此，应当根据城市基础设施项目的不同属性，分别就其经营程度（即可经营性、准经营性和非经营性）采取项目招投标的方式来确定投资主体，逐步使政府从可经营性和准经营性投资领域中退出，专注于非经营性领域的投资及其管理；

②投融资形式的转变。当今国际社会的主流动向是，服务行业逐渐成为对外直接投资的主要方向，而直接投融资又成为投融资的主要形式。至2001年为止，我国仍有60%以上城市利用银行贷款进行建设投资，占城建资金总量的比重高达29.4%，但相比于政府财政投融资是一大进步，其间接融资水平几乎是1992年的23倍。但是与间接投融资相比，我国直接投融资的水平仍然过低，从我国现行的利用国债资金和企业股票及债券的直接融资规模判断，我国城市市政公用基础设施股票和企业债券融资总量只占当今投资总额的比重尚不足1%，远低于国际一些国家的30%之比重；

③投融资理念的转变。城市基础设施建设投融资体制转变的基本理念有二：理念之一是克服“以物为本”。城市建设要摆脱“先生产，后生活”的落后观念，凸现“以人为本”理念，以真正体现“城市，让生活更美好”的上海世博主题；理念之二是克服“华豪型城市化”。要正确处理好城市化发展进程与经济发展阶段相适应的关系，还要正确处理好建设需求与财力可能相协调的关系，更要正确处理好建设要素制约与建设项目非实用化相背离的关系。发达国家的城市规划理念已经从过去盲目追求大马路、大街坊“宽而疏”的道路格局转向了小马路、小街坊“窄而密”的道路格局。原因在于，前者不利于城市商业的发展，而后者有利于商业的繁荣。道理很简单，在相同的土地面积上，前者的街面规模远远小于后者。上海田子坊的决

策者之所以不接受传统的街区改造规划，是显然预见到了这一点。

五、城市规划的法制视野。城市规划素有城市建设的立法之誉，换言之，城市建设的随意性和无序性应当由城市规划来严格约束。但是，城市建设的现状往往与城市规划的初衷相背离，其随意性和无序性的行为大有“只增不减”之势。城市规划之所以存在执行偏差的现象，其根本原因有两大层面：

一是法制层面原因。法律运行是一个集立法、执法、守法和法律监督于一体化的全过程。法律从“普遍性规范”转化为现实生活中的“具体法律关系”，全仰仗这一全过程的实施。行政法包括行政实体法和行政程序法，后者旨在规范行政法律关系主体的行为。由于我国程序法的不健全，就无法及时、恰当地为“实现权利”和“行使职权”提供必要的规则、方法和秩序，其结果必然导致城市规划原则和方法的实施和监督缺失保障条件。事关法律存废的重要环节是“法律实施”，它是法律所体现的“立法意志”得以实现的根本保证。法律不能实施，或实施不到位，其充其量只是实现了“法制”，而绝非“法治”。横行一时的第三帝国，其法制基础相当完备，但决不是一个法治国家。国家机关及其公职人员的“执法活动”是法律实施的第一个层面，但由于我国缺失一套法定方法和步骤（即程序法）去对各级政府部门设定的城市功能、发展方向、建设目标等是否符合《城市规划法》规定的原则和方针进行科学的评价，因而使其易受领导和执行者个人行为的干扰。事实证明，田子坊后来被撤消的原改造规划，其形成过程曾受到过时任上海市主要领导施加的影响。而从法律实施的第二个层面，即从国家机关、社会组织和个人“守法行为”判断，由于城市规划设计部门是受政府部门的委托和管理的，当政府部门的执法出现偏差时，设计部门是难以用基本方针去加以纠正的。例如，天津市五大道被拆事件折射出一个令该市城市规划部门难以面对的现实，即天津地方法规的

《风貌保护条例》背离了国家的《名城保护条例》，对这种对抗性的执法偏差只有上级政府才有力量去纠正。此外，我国城市规划管理体制又缺失法定机构对政府执行《城市规划法》的情况进行有效的评估，而已有的机构（如人大和司法机关）只能对违法行为实施监督，但对守法程度无法进行监管。至于设计部门根据任务书进行规划方案设计时，政府部门只是依法对其设计资质和执行规程规范方面进行审查，而无法监督其违背城市规划原则和方针的行为。这种漏洞之大，足见我国城市规划是一种“弹性规划”，或是“长官意志规划”。

二是投资层面的原因。城市建设投资主体的身份决定其投资决策行为和监督的有效性程度。如前所述，由于我国储蓄转化投资的障碍依然存在，导致城建投资主体难以从政府“单元”走向社会“多元”，融资方式难以从间接融资走向直接融资。因此，迄今为止政府仍然没有彻底摆脱投资职能与监管职能合一的主导者身份。政府项目由投资者地位决定，其论证、评估和监督均因无“经济责任”压力而缺失独立的执行机构。政府领导者的政绩偏好，往往会导致城市规划原则和方针的“废除”。至于非国有性质的投资项目，又易受市场利益和商业机会的驱动而偏离城市规划的基本原则。诸如或以资金许可为由去追求豪华，或以盈利水平为据人为压低设计费用，进而导致设计质量的低劣，最终弱化城市功能水平。

六、城市规划的国际视野。新加坡作为一个城市国家，其城市规划的成功经验具有十分重要的借鉴意义。其一是制度安排。新加坡城市规划管理的制度安排主要体现在三个方面：①统筹空间规划。新加坡的规划编制由国家发展部统一协调，下设市区重建局、土地局和建屋发展局，彼此职责明确、各司其职。所有用地规划、土地售卖、发展管理、市区设计与旧屋保留均由市区重建局负责；②部门协调的机制化。新加坡从制度层面上解决了专业部门和规划部门之间在专业规划编制上的职能交叉关系，各专业部门的用地需求通过概念规划和总体规划来反映和落实，而不再单独编制专业规划；③专业规划编制协调的制度化。新加坡采取“委员会制度”的方法，从概念规划指导、总体规划和发展管制三个方面对专业规划的编制进行协调。为此，其委员会包括了概念规划指导委员会、总体规划委员会和发展管制委员会等三方，每一个委员会职能明确、彼此配合，使城市专业规划编制的协调管理有条不紊；

其二是规划理念。新加坡城市规划理念的先进性体现在以下方面：①规划前瞻性。新加坡的城市规划由战略性的概念规划和实施性的发展指导规划共同构成二级规划体系，以此推进土地售买、协调发展、项目服务和发展管制。概念规划的长远发展思维和策略，在新市、镇及工业园区的建设上发挥了超前引导的重要作用；②规划体现“以人为本”。其规划目标是使87%的新加坡人有条件居住在65万单位组屋里，并注重配置人性化的交通和环境。政府于1990年通过法令将全国5%的土地划定为自然保护区，旨在于2015年前使绿化覆盖率达到60%以上；③保持协调发展。新加坡城市规划注重社会发展、环境保护、历史文化遗产保护相融合，强化城市遗产保护和特色挖掘，以保持地区的认同感和城市特色感，实现人与自然相和谐；

其三是规划编制科学化。新加坡的城市规划之所以科学，其做法是：①专家导入。外国城市规划专家与本国职能部门相结合，为规划编制提供理性知识与直觉知识相融合的支持系统。新加坡1971年概念规划的启动工作，会聚了各部门30位专家及外国顾问；1991年概念图工作又吸收了40个政府部门集思广益；②公众参与。总体规划前的公示和各阶层人士的共谋良计，是新加坡城市规划符合公众愿望的重要保障。新加坡的总体规划包容了专业组织、开发商、企业家、社会团体、公众代表及各方面利益集团的意志和诉求；公众参与城市规划不仅事关以人为本的理念，更事关宪法赋予公民的法律地位。除新加坡之外，英国的《城乡规划法案》、法国的《城市规划法》等均将公众参与作为规划法规体系的“骨架”。我国虽有了公众参与的法律规定，但由于对公众参与法规的对象、机构、内容、程序、深度、职责、权利、义务和监督保障机制等，均无明文规定而失之“一纸定文”；③注意延续性和动态性。新加坡概念规划每10年编制1次，前后彼此延续连贯。总体规划每5年总结一次，在充分体现概念规划意图的基础上，为55个细分的规划区域提供指导开发的控制参数等；④可操作性强。新加坡规划的可操作性从三个方面加以确保，即：A、规划编制内容与方法充分考虑可实施性。在规划编制中注意刚性与弹性结合，使适用于市场为导向的用地项目能在模糊用地性质的基础上实现混合用地；B、注重发挥市场机制的引导作用。根据“土地售卖计划”，市区重建局每年发布土地供需信息，为开发商和投资者的商业决策提供三年准备的时间余地；C、通过严明的法制建设和行政行为促进规划的执行。

新加坡《城市规划法》将一切开发活动纳入严格的许可制度范围，诸如规划条件变更、总体规划的调整均需报经批准，甚至要登报公示。新加坡公民绝大部分来自我国东南沿海的乡村渔民，无论从智力、能力和当时的财力分析，他们均无法与留住中国大陆的公民比肩。换言之，他们当时背井离乡、漂泊南洋实为生计所迫。为此，新加坡资政李光耀认为，新加坡人可以做到的事，中国大陆人没有理由做不到。由此可见，中国大陆与新加坡相比，管理水平落差的原因并不在于人，而在于制度安排，城市规划便是最好的证明。田子坊模式的出现，再一次证明我国制度创新的潜力是一个“富矿”。

第三节 文化价值视角

从文化价值视角判断，田子坊模式提升了城市文化资源的商品转化率。经济现象从某种意义上说，是一种文化现象。纵观全球，不同国家和地区的经济落差，都可以从中辨认出文化差异的痕迹。东西方经济理念的差异决定着经济效益的高低，但究其理念差异的根源又在于文化的差异。西方社会的契约文化决定其经济行为的规制背景，而东方社会的伦理文化决定其经济行为的非规制背景。中国古人有“什么样的理念，决定什么样的天下”之说，所谓“正心、诚意、修身、齐家、治国、平天下”便是此理。现代经济社会

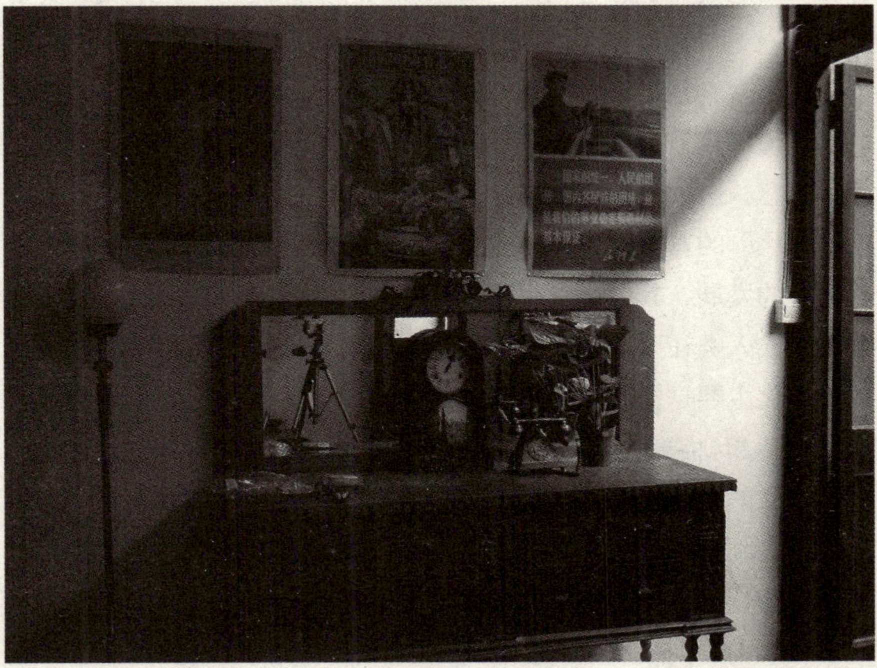

石库门居室的老家具

里，人们不难悟出“观念经济”的道理，即观念高地决定机制高地，机制高地决定政策高地，政策高地决定人才高地，人才高地决定产业高地。田子坊的起步是从理念更新开始，即从物本理念转向人本理念起步，进而在社会经济领域传导，即从街道经济转向街巷经济，从旧区改造转向旧区修复。何谓“观念”？实际上就是文化。毛泽东同志著作中常以“观念形态”喻意文化的内涵，便是一例。

一、文化决定经济背景

一个国家和地区的独特文化决定了这个国家或地区人们的价值观、决策观、行为准则及其对外交往的程度。每个国家不同的文化背景形成了各自不同的经济人格，形成了各具特色的经济、社会制度，形成了不同的经济发展模式和道路。在经济全球化的进程中，各种不同的文化观念也在发生着激烈的冲撞。文化，在中国成文于战国的《易传》：“观乎天文，以察时变；观乎人文，以化成天下。”天文，是指天道自然规律；人文，是指人类规范社会的人伦秩序、道德规范，并以此来“化成天下”。这里的“化”是改造、教化之意。以人伦秩序教化世人，使之自觉按照规范行动是中国早期“文化”的基本含义。“文化”与其他学科的基本概念一样，随着历史的发展，其内涵发生了很大的变化，含义相当宽泛。专家把文化看成人类在改造世界的实践过程中所创造的物质和精神产品。狭义文化主要是指观念意识形态文化，包括知识、信仰、艺术、道德、法律、风俗等属于上层建筑的复杂共同体，习惯上称为精神文化。

广义的文化包括人类的一切创造，它由三个部分组成：①物质文化是整个文化系统的基础，它是人们物质生产及其产品的总和，是人们为满足自己的物质需要而从事生产劳动创造的物质成果，它是文化结构的浅层；②制度文化是人们针对改造社会和处理各种社会矛盾，调节人与人的社会关系而确定的各种机制、规范、准则、法律等，是以制度安排形式反映的文化现象。它制约和影响着人们的生活和行为，成为整个文化内涵的核心，是物质文明和精神文明协调发展的基石；③精神文化是对社会存在间接的反映，是浓缩之后形成的思想意识和道德观念。具体表现为哲学、法律、宗教、道德、信念，相对处于文化的深层，并深刻影响着人们的行为方式。

对田子坊文化价值视角的解读，作者还是习惯地以狭义文化的定义为主。文化作为上层建筑，直接影响着人们的日常经济活动和经济交往行为。每一个人都处于它的环境中，在这个环境里，起重要作用的是文化。诸如美国人的团队意识和创业精神，欧洲人的稳健品格和形象思维能力，东方人的循规蹈矩和求实态度均有其民族文化背景的熏陶。中国经济要发展，必须在传统文化的基础上进行兼收并蓄式的改造。我国传统文化虽有其精华，但它也有与市场经济所要求的创新、冒险精神并不相适应之处，更有与市场经济模式下人们基本道德操守相悖之处。有一个流行的段子这样讥讽一批时尚者：说股票是危险品，都在炒；说金钱是邪恶，都在捞；说美女是祸水，都想要；说高处不胜寒，都在爬；说烟酒伤身体，都不戒；说天堂很美丽，都怕去！这里固然有制度变迁对人们行为的影响，也有人性固有的弱点，也难免有文化交融的潜移默化。我们必须勇敢地面对和正视中华民族传统文化的缺陷，培育既与时俱进的、又能体现民族传统的文化意识。唯有这样，才能强化适应社会主义市场经济的文化背景，以促进中国经济的持续高效发展。

我国市场化进程已不可逆转，而市场经济最本质的行为准则是竞争，其行为特征一是公平，二是规范。因此，有人断言：市场经济本质上是法治经济。法制建设内涵有两大衡量标准：一是立法质量，二是执法水平。我国自改革开放以来，全国人大、国务院和各级地方人大、地方政府先后立法已有四千余部之多，可谓“法网恢恢”了。但问题有二：一是立法质量有待加强，二是执法水平亟待提高。人们普遍反映的是执法部门存在徇情枉法行为，抱怨“因情执法”现象屡禁不止。究其原委，这里既有体制的因素，又有文化的因素。

从司法管理体制分析，它导致许多真正具有法学知识的人才未能进入法院，而相当多的岗位又被缺失法律知识和判案能力的人所占据，进而使司法权呈现地方化、功利化和行政化的趋势。尽管我国公务员的进入机制是“考才录用”，但由于权力关系网的作祟，作为封建文化意识残余的世袭理念正在沉渣泛起。据一项调查显示，父母是“公务员”的公务员比例最高，达33.3%（《南方日报》2006年2月10日）。从司法执业人员的队伍建设分析，由于商品经济大潮的全方位波及，部分失德律师的行为成为司法“公害”之一。律师中介是依法治国过程中承上启下的重要环节，其执业行为的秉公程度事关重大。但有些律师的行为准则纯粹以经济利益为权衡得失之标尺。他们为博取当事人信任，在接给业务时不惜承诺自己权限和能力无力接受的委托要求。一旦委托意向确定，律师便采取偷换概念手法，在草拟委托合同上做文章，字里行间减轻或淡化律师在接洽业务口头谈判时的承诺，导致律师的口头承诺（即委托交易的谈判价格）与书面合同承诺（即委托交易的执行价格）的偏离。为实现套利目的，律师往往会利用当事人急于维权的心理，以签字后“马上会提供法律咨询方案”为诱饵，致使当事人草率签约而陷入一场旷日持久的委托条款纷争之中。于是，当事人从一个维权的烦恼走进另一个维权的烦恼，其实质是从“法律维权”起步误入了“被司法侵权”的歧途。在此提及律师中介，是因为市场的有效性标志有三：一是市场的成本；二是市场对称性（权益与信息）；三是法制环境。其中两条标准与律师执业道德相联系，田子坊的市场规范任务已无法回避这种基于文化背景的法治环境。

从文化因素分析，东方伦理社会的文化弱化了以契约文化为基础的社会守法水准。岂不知，执法的基础是守法。一个普遍不懂法、不知法、不守法的国度里，执法人员纵使疲于奔命，也囿于法不罚众而无能为力。守法的基础则是道德。一个缺乏社会基本公德水准的民族，是不可能自觉遵纪守法的。例如，中国人在马路上敢闯红灯的历史，有人断言与红绿灯诞生的历史同步。与此可以比肩的是许多机动车驾驶员也能在如织的人流中见缝插针地博奕。双方互为适应的潜规则构成中国特色的交通秩序平台，以致每年亡命于混乱的车轮之下者达10万之众。政府倡导“以德治国”，其理便在于此。道德从何而至？道德决不会从天而降，因为其本质是一种文化现象，因而道德的基础又是文化。东方社会是伦理社会，人们以社会伦理约束自己的行为，是一种以伦理文化支配的道德标准。西方社会则是契约社会，人们以社会契约约束自己的行为，是一种以契约文化支配的道德标准。文化的形成是一个漫长的历史过程，其间伴随着以不同社会文明为背景的教育过程。所以，文化的基础是教育，包括教育思想、教育理念、教育内容、教育方法。这是一个不可抗拒的生态链关系过程。有鉴于此，我对田子坊的法规管理寄语过这样的评述，即其法规的正确性还有待于公众守法程度来检验，原因在于立法使命与执法民意具有内在的相关性，二者不能偏废，而后者又与文化背景相联系。这种联系的纽带是重塑伦理价值观，其契约化改造非一之功所能奏效。

现代经济观已经意识到一个国家、一个地区、一个城市的经济现象，本质上是一种文化现象，当人均国民收入达到1000美元之后的经济发展阶段更是如此。这种文化现象从两大层面强化经济背景：一是决定人们的价值观念、经济理念和行为准则；二是决定内外部经济活动的交往程度。事实证明，一个缺乏文化品位的城市是一座“贫血”的城市（英国学者语）；一个缺乏特色、形式呆板，结构雷同的城市则是一座无吸引力的城市。田子坊之所以为中外投资者和游客所青睐，其源盖出自其街区具有个性化的特质和文化的积淀，而田子坊的进一步繁荣又有赖于高效服务体系在两种不同文化交融中逐步建立起来。

二、文化是一种特殊的要素资源

在经济全球化进程中，各种不同的文化观念之间发生着激烈的冲撞。以长三角为例，近代上海文化为世人提供了文化认同的范例。大凡成功的大都市圈，其强大的辐射力与地区文化的认同不无关系。据有关研究证实，判断一个都市圈中核心城市的功能集聚度，除制造业和商业的规模和层次外，一个极其重要的标志是符合近代意义的市民社会及市民文化的形成。传统文化中与近代精神相悖的要素，之所以会对现代经济发展构成障碍，其源盖出于模糊了城乡之间市民社会形态和文化观念的重要差别。从人的本质意义上分析，现代社会并非纯粹的效率导向型社会，当人们积累了足够的财富，进入“财富驱动阶段”时（尤以我国沿海大城市为最），部分人会转而对自己的精神生活和文化生活产生要求，而不再一味地追求物质生活中的效率，转而将自身储备性的资源去换取自己更需要的资源。换言之，人们会偏离自身物质利益最大化的目标，去追求人生多元化的价值。

哈佛著名政治学教授萨缪尔·享廷顿（Samuel Huntington）更是成功地从大文化视野去捕捉国际政治关系的演化趋势，开启了从精神领域探求物质世界之先河。他的《文明的冲突》曾被译成33种语言，预言了伊斯兰教与西方文明冲突的不可避免性。这种冲突突破了国与国纷争的传统樊篱，走向了不同文明之争。为此，他告诫各国政要应熟知和把握全球源自中国、日本、伊斯兰、印度、西方、东正教、拉丁美洲与非洲的世界主要文明及其文化背景。原因在于，这些文明和文化之间的断层，将成为新纪元的世界政治重组、分解与冲突的主要根源。

移民也是一种文化交融的过程。上海是一个典型的移民城市，

中西合壁的咖吧风情

改革开放前城市的居民主体几乎是全国各地的本国移民。各移民主体在上海不可能再维系其在当地历史传统中形成的社会文化习俗和认同环境，而会重新去构建并适应一种新型的市民生活。这种交融性趋势从文化背景上推动了上海从渔村向近代都市的演变。历史上太平军自1851年金田起事酿成历史性浩劫后，造成了长三角地区至少损失2000万以上人口土地抛荒的的苦果。在清朝政府一系列保护性优惠政策驱使下，广大移民汇聚到了上海，面对人地两生的异乡客地，原有的传统伦理体系随之解体。开埠之后的上海，文化交融从“异地”走向“异国”。西方契约社会文化与东方伦理社会文化的冲突，使移民们处于激烈的“文化震荡”之中。震荡的过程成为孕育近代上海文化的过程，即上海新市民社会的教化、整合和改造的过程。专家们所归纳的近代上海文化，实质上是一种处于过渡形态之中的中国近代城市文化，其特征是在民族文化精神的基础上追求个人价值的独立和对多元文化价值的兼收并蓄。如今的田子坊正值上海历史上第三次移民高潮之际，其弹丸之地又云集了26个国家和地区的经商人士，其多元文化的融合必将丰富着地区的文化价值，而文化价值之间的整合不会一蹴而就。

从这个意义上判断，一个特定历史条件下形成的文化积淀，必须在多元文化的冲撞、宽容、整合的基础上，才能形成适应时代经济潮流所需的文化形态。地区工业化进程离开了文化的整合和改造的过程，是不可想象的。但是，对于文化的认同、理解和整合绝不能急功近利，不能将之解释为简单的经济现象。诸如将“块状经济”简单地归之为“块状文化”、“条状经济”简单地喻之为“条状文化”等等。文化产品生产与物质产品生产的非同步性也从一个侧面揭示了文化现象的复杂性。以文化繁荣程度与生产力水平的特殊对应关系为例，18世纪的德国生产力处于极其落后的状态，但在文化的天空中却涌现了诸如歌德、席勒这样的大师，同时期生产力先进的国度却无此殊荣；19世纪的俄国生产力发展尚处于农奴制阶段，却诞生了普希金、果戈理、托尔斯泰、契诃夫等一代巨星，照亮了人类智慧的天空。中国也有极为相似的规律，生产力水平处于低谷的元朝，以关汉卿为代表的榜上有名的戏剧家竟然有800人之多，这是中国历朝历代所罕见的；素有惊天地、泣鬼神之称的李杜诗圣，并非诞生在经济鼎盛时期的唐贞观年间，反而出现在安史之乱的晚唐时期。这种奇特的现象隐含了若干深层次的关系：第一，文化要素与其他生产要素之间不是一种简单的配置关系，经济学基本原理对它不起任何作用；第二，文化的兴衰与生产关系有着某种联系，而与生产力水平之间缺乏线性序列关系；第三，文化与经济之间是一种转化的关系，这种转化得益于文化的传承改造和多元整合。田子坊保留的良好的“石库门”文化以及由此伴生的人际关系成为创意产业生存发展的土壤。

三、我国文化资源配置正进入补课阶段

我国历史上自从宋元对峙起，古运河功能便开始消退，河畔城市也从兴盛走向衰落。随着海上贸易的兴起，海洋文化渐趋繁荣，蓝色文明不可阻挡地取代了运河文明的地位。古扬州的衰败是运河文明被替代的结果，沿江素有“小扬州”之称的苏州，从明代开始已成远近闻名的手工业都市，享有“小苏州”之称的上海，则从一个名不见经传的海边小渔村，一跃成为集聚各地人才、资金的口岸城市。但是，经济繁华的沿江都市，其文化积累终究无法取代具有千年文化沉淀的古运河畔历史名城的地位。与这种情结相反，古运河畔的文化名城因饱受长期衰败之苦，先后奋起追逐工业化浪潮。工业化的前提是标准化，而标准化的过程实际上又是抹杀个性、消灭差异的过程。因此，20世纪80年代一场破坏古典文化建筑的浪潮伴随着工业化的进程席卷着千年运河的两岸城市。当西方大批旅游纷至沓来为访觅我国沿海城市的古文化遗址而劳神费心时，古运河畔城市政府的决策者才如梦初醒，转而从20世纪90年代起启动修复古城文化的程序。但这毕竟只是一个制造赝品的过程，由于时间和财力的制约，其不伦不类的复制品令人不敢恭维。于此，长三角地区乃至全国重视文化资源配置的大幕终于被拉开，其间地区文化资源配置经历了三个阶段：

一是文化资源被废弃阶段。大批文物性建筑遭到摧残，由新的厂房和民宅取而代之。据报载，20世纪90年代以来，北京城的名人故居1／3已被拆除，面临拆除的北京八道湾胡同11号院，鲁迅先生的《阿Q正传》诞生于此，后又成为周作人的“苦雨斋”。又据统计北京80%的“四合院”消亡于近50年间。据以我的故乡浙江嘉兴为例，始建于唐太宗年间的“三塔”景观改建为水泥厂，明万历年代铸成巨型铜佛（仅一手掌重800斤）的楞严寺改建为政法大楼，位于运河分水岭位置的岛上唐代水天庵改为果品仓库等；

二是文化资源寻找替代品阶段。在缺乏文化和历史专家指导之下的一场文物性建筑的重建在各地掀起，既耗财、又耗时的制造文物赝品之潮此起彼伏；

三是文化资源抢救阶段。国人反思赝品文物的结果便是抢救残存的文物，历史建筑的修复和置换成为城市规划建设的新亮点，其间人们常常见到古建筑保护者奔走呼号的身影，其中的杰出代表诸如建筑专家陈从周教授、阮仪三教授等。文化的抢救和传承过程中，民间力量不容忽视，其中尤以非物质文化为最。诸如端午节作为“小长假”的提出，便来自民间的全国两会代表，而非政府部门。当今，社会各地均已藉此为契机大兴商旅促销活动。尽管多数国人并不会知道端午赛龙舟出自2000多年之前东吴人民哀悼伍子胥的纪念活动，而楚人纪念屈原只是援例仿行而已。当一年一度端午到来之际，各地龙舟选手只知为了怀念楚国的屈原，并不知是为了追颂吴苏的伍子胥，但这已不再重要了。因为最重要的莫过于赛龙舟的习俗作为一种传统的文化传承了下来，年年岁岁，起到了警示国人珍重人生价值、勇于舍生取义之功效。

田子坊正是文化资源抢救阶段两种力量博奕的产物，它的改造模式维系了一种渐进式的文化传承过程，它适应了社会发展的进程和人类行为方式变迁的过程，因此其正面效应远大于负面效应。犹如自然界的演化方式一样，当现代生物育种、化学添加剂问世之前，人类与自然的关系是一种符合客观规律的演化关系，而当这种超自然的科学技术萌生之后，便打乱了病毒自然演进的过程，导致其在其他生物种群体内的重组，以致人类适应能力提升的进度永远滞后于新型病毒变异的速度，高致病的禽流感，此次甲型H1N1流感（曾称所谓的猪流感）均与人类的这种超越自然进化规律的不当行为有关。无怪乎60年之前的甘地总结了人类社会可能毁灭自身的七大宗罪之一，便是“不讲人性的科学研究”，其特征是背离了以人为本的主旨。2007年中国科学院和中国科学院院部主席团联合发表的《关于科学理念的宣言》，特别强调了要“避免把科学知识凌驾于其它知识之上”，旨在实现用社会伦理和法律层面去规范和约束当前的科学行为，其中当然也包括城市发展和城市建设方面的科学知识。将上述不讲人性的行为结果对应到城市功能的进化上来时，其特征便是随意割断城市历史文脉，用摧枯拉朽的模式去背离“城市让生活更美好”的主旨。具有讽刺意味的是，“城市让生活更美好”是古希腊哲人亚里士多德的主张。它无情地印证了，人类对自身生存环境的探索正在回归“时光隧道”，倒流到2300年之前的岁月。这种倒退性的反思，其矛头直指长期以来工业化对现代人们行为方式的非理性误导，这不能不将世人的眼球引领到整个文化系统的基础——物质文化上来。站在这个历史的高度看田子坊，人们才会深知其珍贵无比。

第四节 结构变迁视角

从结构变迁视角判断，田子坊模式正在走向地区产业层次结构与社会利益结构的同步优化。决定我国未来经济发展的关键因素有三，即资源效率、环境友好和社会和谐。社会和谐是一个永恒的主题，其永恒性充分体现在时空维度的广阔背景里。从时间维度观察，它起源于人类社会形成之始，在日后的漫长历史长河里它始终萦绕于执政者的脑际，成为政治家们梦寐以求而又无法穷尽的理想境界，其动态性和多重性令历朝历代政府丝毫不敢懈怠。从空间维度判断，这一命题无一例外地存在于全球纷繁复杂的各种不同社会制度的国家之中。无论这个国家是古老的，还是年轻的；是共和制的，还是君主制的；是万里疆域的大国，还是弹丸之地的小国，都无法规避。这是因为，人类社会无法抗拒人类生态学的自然法则，即多样性导致稳定性。在千人千面的社会里，人们不同的身份、不同的追求、不同的动机、不同的素养和不同的价值观，构成了不同群体动态平衡的大千世界。田子坊所倡导的“共建、共享、共治”的社会发展理念，正是新时期我国社会和谐的过程管理。

决定社会和谐的变量是五大结构的变迁。其一是居住结构的变迁。由于长期以来我国城市建设欠账过多，形态建设严重滞后于功能转换，自20世纪90年代土地要素逐步进入市场以后，大规模旧城改造的需求随之迅速释放。鉴于绝大多数政府无足够财力用于旧城改造，而城际之间彼此攀比之风日甚，必然逼迫各地政府用牺牲长远利益的方式去兑现眼前的利益动机。于是，土地招标出让成为全国“经营城市”的首选方式。但是，当地块出让一旦签约，就无可挽回地埋下了在出让期限内扭曲地租对生产与交换调节关系的苦果。土地一次性长期出让之后，利润的分配被锁定在土地完成出让的瞬间，以致在出让期限结束之前，地租失去了对生产与交换的调节作用，进而瓦解了生产与交换的机制，既怂恿了房地产非理性的开发，又制约了土地所有者的合理收益，还导致被动迁居民为争取合理补偿而纠纷不断。笔者指的“合理补偿”是指有形与无形两个部分的补偿，其有形部分可由中介机构评估，按市场基准价格确定，但其无形部分补偿却长期以来被社会所忽视。一位数十年相对固定的居住者，一旦离开原居住地，其无形的损失包括了居住者长期形成的生活圈子（诸如街坊四邻）、熟悉便捷的商业条件（由区位级差决定的交易成本）及其子女就读、家人就业和老人就医的空间环境（实际上是一种人文环境）等。当土地所有者和土地使用者在评估土地开发所得的收益与成本之间关系时，显然没有将被动迁者无形损失的补偿考虑在内。人大代表收到的诸多群众来信，实际上反映了被动迁居民对有形和无形两种补偿的强烈诉求。当这种诉求缺失有效的代言人机制之后，群众的愤怒将进入长期积累的状态，以期不自觉地等待“导火线”的激活。我国2008年的甘肃陇南拆迁的群体冲突事件其起因只是30多位利害关系者的群访，结果由于政府的不当介入，导致2000名无直接利害冲突的被“激活者”加盟，最终酿成群体泄愤事件。从此意义上评说，城市大规模“七通一平”式的旧区改造，其潜伏的隐性成本是无法用货币加以衡量的。

田子坊模式的出现，标志着传统的城市旧区改造模式已经走向历史的尽头，原因在于改造初衷与改造结果出现背离的趋势。因此可以毫不夸口地说，田子坊模式开启了旧区改造的先河，其意义具有超越时空的价值。

其二是社会结构的变迁。由于我国城市化进程滞后于工业化进程达20年之久，因而导致农村有效需求不足，阻滞了城市工业化的进程，大量工业品的库存积压便是例证。城市化进程，其实质是农业劳力非农化的过程，结果是导致社会结构发生变迁。但当前最大的问题莫过于“农用土地非农化”的速度，背离了“农业劳力非农化”。因为在这种社会结构变迁中，城市从农村拿走的是土地，而非劳动力。其道理很简单，二者的价值不等量，前者是城市“政绩”的本钱，而后者则是城市社会责任的一种负担而已。因此，从长远看，这一过程可以引导外部世界的资金、技术、信息和观念导入封闭的农村，但其成本是孕育了一个城市边缘的群体，即所谓的“城中村”。从全国范围看，这种介乎工人与农民之间的“流民”达4000万之众，其特征是职业与身份的二致。由于政府公共财政体系构建相对滞后，加之失地补偿的低标准机制，国家实际上是采用“计划”手段将这部分群体推向“市场”环境。尽管有些省市（如上海市等）采取种种有效措施给失地农民以足够的补偿，但由于城乡二元对立体制长期影响的结果，他们仍然受到不同形式的歧视，其基本权益屡受侵犯。例如，大部分农民工被雇用时无任何合同手续，即使有合同，其条件也十分苛刻，雇主违约者不乏计数，至于拖欠工资更是司空见惯。而在国有企业中，根据合同的规定，农民工的工资收入只及正式工的50—75%，且无各项福利待遇，严重背离了马克思关于劳动价格与劳动价值之关系的论断。至于农民工劳动保护权益，诸如工伤保险权益、医疗保险权益和生育保险权益等更是缺失保障。

哈佛大学著名学者享廷顿曾警示过发展中国家，进城农民的第二代，将是社会革命的主要力量。我究其原因是，在人类的生活变迁中，实现“水平变迁”相对容易，只需在异地找到栖身之处，这是进城农民第一代完成的使命。而“垂直变迁”相对难度较大，其实现条件事关外来人口的素质、能力和机遇。而这副担子历史地落在进城农民的第二代肩上，如果未能如愿，他们便有可能铤而走险，跻身对抗者行列。为此，地方政府能否顺应我国社会结构变迁之大势，对劳动力转移提供相应的社会保障和同等市民待遇，这是劳动力转移能促进经济发展之关键，也是维系地区社会和谐的重要保证。地区社会稳定的基石有二：一是职能到位的政府；二是健全的市民社会。历史证明，人离不开社会，但有人地方未必就存在社会。著名管理学者德鲁克将面对失事船只上一群惊恐逃命的人群讥之为“社会缺失”。红卫兵失控年月的长城内外，海盗肆虐的亚丁湾和人肉炸弹杀戮场的巴格达，正是见证了缺失社会道德、社会纪律、社会权利和社会组织的“无社会状态”的危害甚于“无政府状态”。无政府状态的特征是“权力无主”，而无社会状态的本质是“权利归属”的丧失。上海田子坊所追求的“共建、共享、共治”的社会机制是孕育于社会襁褓之中的新型市民社会之婴儿。

其三是产业结构的变迁。以上海为例，进入20世纪90年代以来，四大“国际中心”的目标定位推动着上海产业结构的快速变

风情别致的休闲一条街

迁，第三产业比重迅速扩张，占GDP的比重从1990年的31.88%增加到目前的50%以上。这是上海“八·五”期间加大产业结构调整力度的成果。与此相对应，上海第二产业比重却以年0.5个百分点左右的速度下降。由于上海都市型经济程度高，且重化工业和高新技术产业比重日趋上升，因此劳动力结构中农业劳力比重长期偏低，二产劳动力比重较高。

产业结构的变迁，实际上是产业技术结构的变迁，其过程必然伴随着劳动力受教育年限结构的变迁。于此不难判断，随着上海产业结构的变迁，就业结构也在变迁之中，尤其是二产结构性的失业成为影响社会和谐和的关键。在未来的10年间，上海劳动力知识化程度将进一步提高。随着年龄变化，上海劳动力市场上低知识含量的劳动力将逐渐被高知识含量的劳动力所取代。与此同时，劳动力素质结构的高度化将导致高生产率部门不断扩张，且由于人才地位和人才待遇信号的脉冲，将引来无数境外和市外求职者，推动着上海人才高地的逐步形成。这种高地的成本将使长期适应于传统产业的就业人员面临重新择业的困境。加之近年来由于金融海啸的影响，大学生就业的难度的加大，迫使传统的就业观向创业观转变。于此可见，田子坊式的个体知识型创意企业必将犹如雨后春笋般萌生。经济增长模式的转型，关键取决于公民的人力资本水平，而人力资本和知识技术都属于特殊的生产要素，市场机制往往无法在这一领域里发生作用。因此，政府必须从现在起就注意在资金配置上加大对人力资本和知识资本的投资。

其四是利益结构的变迁。我国自20世纪80年代中叶以来，逐步进入了经济转型时期，其本质特征是社会利益的重新分配。这种利益重新分配的背景是资源配置机制的变化，而利益分配方案的制订者与执行者均是政府。国家通过对央企的掌控起到了国家垄断的效用，导致社会财富通过非税收渠道向政府集中。由于除军工之外，多数央企的行业性质与民生相关，因此导致国富民穷是其必然趋势。而据历史经验证明，构成民生经济的主体通常只能是中小企业，而非中央大企业。因此，从我国经济结构的“央企化”判断，它还不是一个民生经济。垄断国企的业绩和利润既不与政府分红，又不需要向国资委交纳“租金”，也没有转化为百姓收入，而是全单照收地留在企业自己腰包里。它与政府的预算外收入（收费与罚没）和腐败导致的经济损失（占GDP15%左右）一起构成了我国国民收入的大流失，导致我国财政收入（占GDP30%）加上百姓收入（占GDP22%）之和不能等于GDP的全部。由于国企高管无法在高薪之外再合法地索取企业的垄断利润进入自己腰包，有人便会勾结（或是欺蒙）地方政府职能部门的“掌门人”，一起与某些不法的个私经济利益主体共谋，形成“政府部门+国企代理人+个私老板”的资源整合模式，顺理顺章地将因此而流失的国有资产按各自“贡献”大小进行分配，使这些个私企业成为国企掌控者手中事实上的“第三产业”，或是“小金库”。综观各地整合模式的手法有几种：一是偷换主体概念，将个私经济企业伪装成国有性质的企业，或是自己下属企业；二是虚构股权的手法，旨在使个私企业在与国企联合成立“项目公司”时获利合法化；三是肆意低价评估向个私企业转让标的物（诸如土地）的招标价格，变竟标为串标。而对于不熟悉房地产业务流程的检察部门而言，其手法可谓已属“天衣无缝”，因为合谋窃利“程序”确是无可挑剔。社会之所以能为个私经济企业非法谋利提供空间，除部分国企代理人失德之外，一个重要的原因可能是长期热衷于收费和罚没的利益偏好，导致政府职能机构正在演变成为追求各自利益的行为主体。这一判断，可从《中国青年报》2005年9月29日对32家国家级政府职能部门“花钱有问题”的报道中得到佐证。

导致这种利益结构形成的非理性行为可以分解成三个层面：

猎奇：传统与时尚的对接

一是效率目标缺失公平性基础。市场经济所奉行的新古典经济学基本原理旨在调节人类需求无限性与地球资源稀缺性之间的冲突，其结果必然将社会伦理道德和情感关系简单地抽象为数字关系，进而扭曲了人与人、人与自然和人与未来的关系，以效率目标取代了公平的地位。这三大关系的扭曲，导致经济快速增长的同时，社会矛盾在激化，以致政府频频向弱势群体致歉。

据报载，仅以2009年为例，2月24日山西省省长王君向屯兰矿难中的死难矿工家属落泪致歉。1月3日，西安市市长陈宝根为地铁施工过程中连发火灾向全体市民表示歉意。1月7日，湖北一人大代表质询政府工作报告为何不提失地农民等问题，武汉市市长阮成发为此特致道歉。4月7日，四川邛崃市委常委易孔盛、副市长钟玉向成都一建筑公司道歉。此前，该公司员工在邛崃市政务大厅招标处被殴、报名资料被撕毁。4月23日，重庆大坪中学校长张建玲公开承认本校球队参加世界中学生足球锦标赛，有15名队员非本校学生，为此向社会公开致歉。2月19日，云南红河州公安局局长董家禄对所辖警察杀人表示道歉。2月13日，州管辖的蒙自县发生警察杀人事件。2月27日，云南省公布"躲猫猫"事件调查结果，省公安厅新闻发言人杨建平向受害者李荞明家属致歉。1月15日，铁道部副部长王志国为"北京站售票窗口刷票"向旅客致歉。此前，网络视频显示北京站一售票员在售票室大量出票。4月21日，北京市宣武区区长王刚在"市民对话一把手"节目中谈到辖区内南横街拥堵时，两度道歉。2月10日，北京市因大火"给周边群众造成交通拥堵和生活不便"，央视道歉。4月16日，河南省副省长、公安厅厅长秦玉海和灵宝市委市政府就王帅案道歉。王帅因在网上发帖曝光灵宝违法征地而被当地公安机关以"诽谤罪"跨省缉拿。1月17日，上海市松江区区长孙建平，向在1月14日自来水降压供水及停水事故中受影响的市民和单位"表示深深的歉意"。3月20日，西湖保安被来自江苏睢宁的野导游打伤。当晚，睢宁（县委书记王天琦）派出了县委副书记带队的工作组赶往杭州，向被打保安道歉并协助打击野导游。今年春节后，海南省盐务局长邢福煌就2008年本系统33名干部公款出国旅游一事检讨，并向全体干部职工道歉。4月17日，省纪委宣布旅游费用全部由个人支付。5月15日杭州市委书记王国平为谭卓被纨绔子弟飚车致死向杭城百姓表示歉意并承担领导责任。可以毫不夸大地判断，只要不从根子和源头上去化解矛盾，日后的致歉将会层出不穷，但又无济于事。田子坊倡导的"共进、共享、共治"机制，就是从源头去化解社会矛盾。

二是公共资源配置偏离了公共选择的轨道。市场配置资源的基础性作用理应体现公共选择的原则，但其前提是市场决策的自主性。市场决策取得成效的关键是其自主性，这种自主性的前提又是市场交易中不存在权力关系。若从政府职能部门自身利益偏好出发去主导公共资源（包括公共财力、公共政策、公共矿产等资源）的配置，必将导致配置结果失去公正性和效率性，严重影响社会稳定。资源配置主导者的这种权力又是难以实行有效监督的，因此其必然结果就是腐败。我国的腐败程度已到了不可小视之地步。据著名的反腐败国际性非政府组织“透明国际”发布的《2004年全球反腐败年度报告》显示，在133个国家和地区中，我国的清廉指数得分为3.4分，位居第66位。于此不难推断，腐败决不仅仅是腐败者个人的人品问题，而主要还有一个制度设计上的缺陷。新近被中央“双开”的高级干部王华元，是我在部队服役时的一名战友，其工作尽职勤勉，素无人品之嫌，但制度赋予的权力使其坠入云雾之中而不能自拔。原因是，当在人生“极度诱惑”和“极度克制”之间的天平上加入了“权力”这个沉重的砝码，导致天平向“极度诱发”一端倾斜是不足为奇了。当然，我国近几年来反腐力度的不断增强，显示了国家自我净化能力的日益提升，但其重点还需进一步向制度创新方面转移，其中最重要的制度莫过于形成公共资源的配置机制；

三是扭曲了执政与为民的关系。政府执政的目标之一是维护市场决策的自主性，如果当政府权力不适当地介入市场交易中的任何一方之后，其发生的交易必将会变性为其他形式的交易，而非“市场交易”。换言之，政府权力干预之下的货币交易经济，就很难说是市场经济，而是权力经济，其最终结果只能导致市场日益失去规范。例如，我国许多地方政府内部逐步形成的以某些权力部门为核心的特殊利益集团，正在以“不规范的政府行为去规范一个不规范的市场”。又如，我国税收体制的缺陷也从另一个侧面折射出政府执政目标的偏颇。税收的本质是民众通过纳税购买政府服务的一种支出行为，当政府服务不到位时，这种支出与所得失去对称，彰显了征税目的偏离了宗旨。此外，在我国转型经济时期，绝大部分百姓的劳动所得均低于劳动力价值，在这种特定情况之下，征收资本所得税可能比征收劳动者个人所得税更合理，这是因为极少数获取超过劳动力价值收入的人，其基本上属于非劳动收入者。因此，真正从执政为民出发，与其说政府化力气讨论个税起征点，还不如去研究如何加快实现劳动收入超过劳动力价值之途径。田子坊旧区改造模式正在探索这种途径，其不入大流的行为曾经遭到一些误解和非议也是正常的。

五是产出结构的变迁。这里的产出结构主要指的是区域之间的产出结构比例，其中包括陆域与海域之间的产出结构比例关系，以及沿海地区与内陆地区之间的产出结构比例等。我国GDP的总量中，陆域产出占据95%左右，海域产出仅占5%左右，作为一个海洋大国而言，这是一个极其失调的产出比例。在我国陆域土地资源日趋短缺的情势下，优化结构意义日显重大。前不久播映的《郑和下西洋》长篇电视连续剧以及新中国海军诞生60周年纪念活动的镜头，不禁令人感触万端。令人惊叹的是600年前郑和船队的轨迹至今深刻地影响着国际航海者，当年郑和船队冒险开辟的北纬10度航线竟是现今国际航运业的黄金水道，郑和当年率官兵打击海盗的马六甲海峡、孟加拉湾和亚丁湾依旧是当前国际商船被劫之区。可惜的是，郑和的航海壮举被禁锢在漫长的海禁战略之中，而仅仅成为一代帝王明成祖朱棣个人的政绩之作，难以巩固和扩大我国在世界航海史上的地位。相随而至的是，海洋控制力量的日趋衰败，据报载，在1840年—1940年的百年之中，我国遭受洋人从海洋入侵470多次，入侵兵力近50万之众，迫使满清政府签署50余个屈辱条约。我国海域的低产出与长期闭关战略不无关系，其直接后果是导致海上国际贸易沦为封建朝贡贸易、领海控制权变成海上赔偿权，此况延续至60年前新中国海军的建立为止。

有数据显示，如今我国外贸总额已超过GDP的50%，经马六甲海峡运输的石油约占我国进口石油总量的70%以上，该海域每天通行的船只近60%是中国船只。此外，我国石油资源蕴藏总量中海洋国土占23%，海洋国土的天然气占24%。随着我国经济日益向海洋拓展，其海洋权益的维护和海洋安全的保障已刻不容缓。日本之所以胆敢单方面坚持按照中线原则划分200海里专属经济区，是出于对我海洋主权的长期蔑视，并为最终染指我国钓鱼岛制造外交口实。平素与我睦邻相称的某些国家也开始歪曲和不恰当地引用联合国海洋法的某些对他们有利的条款，从而将我国300万平方公里的海洋国土中的一半以上置身于“主权归属争议”之列。海岛归属谈判更是任重而道远，据报载，仅以南海水域为例，其46个岛屿中大陆只占6个，台湾占1个，其余39个均被他国占据。因此，要优化我国陆域与海域之间产出的结构比例关系，建立一支符合国力的强大海军已呈燃眉之势。原因是财富创造程度与资源保护力度是一种对应关系。当我们将视野回归到田子坊以后，不觉这个小小的街区内已汇聚了全球26个国家和地区的产品，足见我国未来与海洋经济相涉的权益之重大。当然，这种权益的保护除资源手段之外，还有贸易体制的手段，我们再也不能持续那种以内贸补贴外贸、以创汇替代创利、以代工充当自主的传统模式，而应从小小的田子坊里去寻求转型的答案。

第三篇　田子坊引出的思考

第一节 田子坊的时代意义

田子坊模式的时代意义在于步出了我国生产结构与资源储备结构相背离的误区。资源需求的日益扩张与资源生产率的背离，已导致我国沿海地区的进一步发展越来越受到资源条件的制约，其中尤以上海等特大型城市为最。为应对这种日趋紧迫的局面，城市经济的发展，必须从传统的依赖于有形要素投入（尤其是土地要素）为主的增长模式，逐步转变到依赖于无形要素的投入为主的增长模式。换言之，20世纪90年代以来上海以土地资源配置为主动力的经济扩张和城市改造，必须适时转向以土地之外的资源配置为主动力。说白了，政府要从“靠土地生财”的思路中解脱出来，逐步掌握靠土地之外门道生财的本领。以上海为例，45万亩剩余的土地指标相对于上海经济传统扩张模式之需，已属杯水车薪。在上海，土地之外的生财资源有三：一是科教资源。上海的高校院所雄厚的科技、教育实力，是为经济提供所需高中级人才和成果的生力军；二是区位资源。上海得天独厚的沿江沿海“T”字型结合部的区位，显示了多种生态系统交会重合的优势，为万商云集创造了“地利”条件；三是文化资源。鲁迅先生指出过，上海原本的江南文化，由于上海开埠而成为移民城市进而“不得不走向了一条自新之路”。从六朝前的吴越文化到六朝后的江南文化，成就为开埠后的上海文化之根基。开埠之后的上海，在国际国内两大移民潮流的交会之下，中西文化的融汇孕育了近代的“上海文化”。这种特殊的文化格局，沉淀于上海古今中外的建筑形态之中，进而成为人们追思、研读、探索中国近现代史发展脉络的博物馆。

这种建筑所沉淀的历史文化价值有三：一是从形态上展现了上海的特殊风貌，是上海都市个性化色彩的体现，令国内外人士所仰

老弄堂的梦幻之夜

慕，成为不可替代的都市特色旅游资源；二是素有“万国博览”之称的各类建筑，成为中外各种不同文化追随者的共同向望，有利于形成“万商云集，百舸争流”之势；三是海纳百川的兼容文化，熏陶了上海人的包容精神和创业精神。

但是，工业化的负面效应对我国新一轮的城市改造造成了极大的危害。工业化的前提条件是标准化，它必然是一个消灭差异和抹杀个性的过程，以致城市具有个性化特征的古典建筑不断趋于消亡，导致城市风格雷同，旅游资源匮乏。萧伯纳曾经深刻地指出过，人类文化，一半为未受教育者所摧残，另一半为饱受教育者所摧残。英国建筑学会曾经作过估算：20世纪70年代旧区改造所破坏的具有文物性质的建筑，竟比第二次大战中被炮火摧残的还要多。也有人对中国改革开放30年来以建设名义对旧城古典建筑的破坏作过估计，它超过了过去的100年。近代的祖国是一个失败的国家，蒙受入侵者炮火可谓司空见惯，但当时旧城遭到的破坏竟不及改革开放以来的30年，足见“建设性破坏”之甚！我国文物界对旧城改造破坏性后果的评价则更趋于悲凉，因此，田子坊新型的旧区改造模式无疑将会唤起国人对城市重建理念的反思。

人们在追求“与时俱进”的目标管理时，却疏于区别“观念形态文化”与“物质形态文化”界限的过程管理。在倡导观念形态文化与时俱进的同时，物质形态文化未必都要与时俱进。岂不知，古典建筑、古玩、古家俱和文物绝不可与时俱进，原因是“新者假也，旧者真也”。城市在毫无顾忌地拆除古典建筑的同时，一些经营之道有余而文化内涵不足的开发商，却不惜制造起假古董来：一批批头戴西瓜帽身着西服的“民族园”、“历史园”、“五湖四海园”蜂涌而起。与这种背离景观生态的现象相对应的是，景观建筑学已在我国（台湾除外）建筑、农林等学科中逐渐失去其应有的地位。

20世纪90年代初叶，我国各级政府面临巨大的城市改造任务而苦于资金拮据，被迫在城市建设与城市保护之间作出有失偏颇的抉择，于是“经营城市”的理念不胫而走，土地无节制地、非理性地进入市场。当人们惊喜于“回乡游子不识路”的变化之余，对这座陌生的城市产生了复杂的情结。人们面对北京“四合院”的销声，上海“石库门”的匿迹，呈现出“淡淡的忧愁”和“深深的怀念”之情。上海是一座在中国近现代史上素有经济、文化双馨之喻的都市。20世纪上半叶的上海不仅经济地位独占神州鳌头，而且还是中国民主革命的策动之地和“30年代文艺”的发祥之域。社会革命与文化革命之间的联系，可以追朔到闻名遐尔的“五四”运动。人们在高举反帝反封建大旗的同时，提倡了新文化运动。社会变革最积极的响应者，莫过于文化界的有识之士，过去如此，现在如此，将来还会如此。

当市场化的浪潮卷席神州大地之际，必然会对传统的文化管理模式提出挑战。近现代文化沉淀极其丰厚的上海，率先站到了文化产业化潮流的前沿，其敏感和坚定的态度丝毫不亚于30年代文艺工作者对当年社会气象锋面到来之前的反应。世纪之交的1999年，在卢湾区委区府的支持下，在打浦桥街道有识之士的策划鼓动下，一批中青年文学艺术家决计在故土上建立起自己的“硅谷”，以开启上海创意产业集聚之先河。以已故著名艺术大师陈逸飞先生为领军的一支艺术队伍，义无反顾进驻了位于泰康路上的“田子坊”。他们中间有尔冬强、王吉音、王家俊，还有中国香港陶艺家郑伟、美国陶艺家吉米、德国设计家卡洛琳、南斯拉夫摄影家龙·费伯、丹麦的沈翠娜等一大批海外创意工作者。创意，是先发于一切产业发育的体力动作之前的智力动作，它具有科技创新的行为特征，又具有自主知识产权的内涵，还是拓展产业链的基础。其产业门类属于都市型知识产业的范畴，在现代服务业领域里位居中坚。因此，它既是上海科教兴市战略的必然选择，又是转变经济增长方式的充分体现，更是城市发展模式转换的重要途径。

世界经济发展史证明，生产固然创造了财富，但获取财富的多少则取决于国家在国际产业体系中分工的地位。创意产业的掀起将使我国产业的国际分工逐步摆脱低端地位。换言之，我国参与国际竞争的战略重点不在于“劳动权”，而在于“财富分配权”，或是“资源配置权”。这种配置权可以从当代国际贸易转变趋势中可见一斑！即：①国际贸易的主体已经从传统的国际贸易企业转变为不同商业模式的多元化主体，它涵盖了渠道型、功能型和采购型的商家。田子坊产业的价值链隐含了这种转变；②国际贸易内涵从传统的终端产品贸易为主转变为中间产品贸易、转口贸易和离岸服务贸易为主。这一转变大大提高了国际贸易的附加值；③国际贸易设施从传统的航运港口设施为主转变为航运港设施、航空港设施和信

古朴的青石板弄堂焕发青春

息港设施配套共建的枢纽型、功能性和网络化体系。这种配套体系适应了中间贸易品不同附加值对不同运输方式的需要；④国际贸易体制从传统的自由化贸易政策管理转变为自由贸易区管理。

“田子坊”是上海千百条旧式弄堂的普通街坊之一，弄内工厂与居民住宅犬牙交错。上海人民针厂、上海食品工业机械厂、上海钟塑配厂、上海新兴皮革厂、上海纸杯厂、上海华美无线电厂长期以来与街坊居民互为倚伏。通过对厂房、仓库和部分民宅的置换和转让，打浦桥街道为艺术大师们腾出了15000平方米的生存和发展空间。这种空间为一个街巷经济参与国际竞争提供了契机。这种契机基于两大保障条件：其一是创新条件。创意产业为主体的服务产业为产品的升级换代提供了技术创新支持和产业组织创新支持。前者有利于提升产品附加值，后者有助于强化资源配置权；其二是政府公共服务条件。与零星散居于各地的服务产业相比，田子坊产业集聚优势在于政府公共服务资源共享程度充分，其中包括商贸优惠政策资源的共享。我国之所以在《年度全球竞争力排行榜》上综合坐次远低于宏观经济环境指标，其源在于“企业技术创新能力”和“政府公共服务”的指标拖了后腿。

迄今为止，泰康路一条街已入驻世界26个国家和地区的137家企业（其中仅田子坊一处有企业100余家，画家10余位），为社会提供了500多个就业岗位，为政府创造税收300多万元（且还有上升之势），而政府并没有投入多少资金，但有力地推动了政府公共服务体系的健全。其模式的品牌价值将随着时间的推移，不断地发挥着“波浪效应”，以致有媒体已经敏锐地将之喻为未来上海视觉艺术的“硅谷”。成群结队的中外艺术大师云集于此，原因有三：首先是这里的旧区改造模式，不花政府财政，不用开发商投资，又不动迁居民（只是互换或租借，产权主体不变）。这种改造成本的低下，源自消费者的原住居民转化为投资者（用不动产）参与投资，分享了昔日旧区改造模式的暴利。值得称道的是田子坊决策者为这种参与和分享拆除了制度性障碍。因此，由于改造成本的低下，决定了企业进入成本远比上海《新天地》和《8号桥》低廉；其次是生产者与居住者能和谐相处，形成一种类似于意大利威尼斯街坊作业的氛围。由于居住者通过房屋出借形式吸引企业入驻，符合双方利益偏好。居住者可以获取远高于一般性居住者借房的收入，还有机会被企业主人吸纳再就业，主要是夜间保安。由于系居民原住户，熟门熟路，当保安既便利，又称职；入驻者可以用低于一般楼宇的租金进入市场，还可以低劳动费用雇用“熟练工”（保安）。这种雇用的现实意义在于，它有利于加速街道剩余劳力的转移，而这种转移决定着城市人口从业率的提升，进而决定社会的收入水平，再而决定居民消费能力，从而实现了经济学流程的良性循环；其三是田子坊的旧上海历史风貌建筑环境对文化人具有感染力。它不仅能唤起生产者（艺术创作者，其鉴赏眼光具有独特的偏好，即钟情于个性化建筑，而不屑于标准化建筑）的极大热情，同时又能激起消费者（旅游者居多，其欣赏眼光也有类似偏好，即猎奇访古）的追捧。

我国伴随着城市化进程的旧区改造，本意是造福于民，但由于改造模式单一，即近乎一律采取“推倒重建”的颠覆式的标准化模式，其不良后果有三：一是建设成本巨大。其中既有政府组织行为的行政成本，又有开发商动用贷款的银行风险成本，更有被动迁居民改变居住地级差的环境成本。对于开发商而言，这些社会成本被渲染的所谓比较优势之低“交易费用”所掩盖。居民动迁的交易费用之所以会低廉，其源盖出于交易双方地位的不对称，导致被动迁方在交易过程中基本上缺失讨价还价的权利，从而使“整个社会的成本”（科斯语）扭曲成为由动迁方近乎单方内控式的定价。因此，它显然已经偏离了经济学意义上的交易成本，扭曲的代价是牺牲了原住居民的利益，其牺牲掉的利益已向开发商转移，从而使中国最富有的人群既非科技创新者，也非经营成功者，而是“大地主”，即稀缺资源土地的拥有者。在中国首富的前十名中，有六人是主营或兼营房地产，便是明证。胡润的中国富豪榜和《福布斯》中国富豪榜表明，中国的亿万富翁人数已仅次于美国，跃居全球第二。其中不少致富者走的路径是：通过公司上市去股市廉价地圈钱，用圈来的钱再去圈地，再用圈来的地到股市去圈更多的钱。

二是无力从根本上改善居民生活水平。居民只是获得换房机会（近换远、小换大、合换独），但无法获得稳定的非工资收入。泰康路改造模式（这里暂且称之为模式），能使居住者不改变居住地（可动用高租金收入的小部分去租赁附近同类住宅），又能增加收入，还有就近打工的机会。这种模式使原本由开发商获得的暴利出现分流，一部分流向不需动迁的居民（获取租金和就业机会），一部分则流向入驻企业（以减少租金的形式实现）；三是社会矛盾巨大，且会推动房价过快上涨。全国因动迁居民拒迁而发生的冲突、上访，甚至是流血事件并不鲜见，其主因是部分开发商缺失以人为本的理念、对公民私权力的漠视所致，当然也有少数居民过分要求的因素。但最为本质的是房地产市场的隐形利益关系在起作用。自2003年我国土地供应机制从多渠道供给转向由地方政府垄断供给之后，房产价格越高，开发利润就越大，开发商参与竞拍土地的热情就越高，地方政府获利也就越大，其结果必然导致开发商和地方政府利益的一体化。因此，无论从何种角度评判，传统改造模式决非是一种完美的方式，更非是一种“舍此别无他途”的方式。尤其是在当前房价极其敏感的今天，将大批动迁户推向购房（尤其是二手房）大军的做法，实乃弊多利少。政府政策的有效性评价应当符合经济学上“帕累托改进”的原理，以求让所有的社会群体都能享受政府政策的恩泽，即使不受惠的群体也不致于利益受损。据此对照，原有的旧区改造模式显然有失偏颇。

泰康路的风貌区成形于20世纪20年代，是典型的上海里弄式格局的建筑特征，堪为所剩不多的上海石库门里弄建筑的“博物馆”。

在20世纪末叶我国旧城改造的大潮之中，人们不乏北京“四合院”之憾、上海“石库门”之忧和天津小洋楼之叹，这种以标准化取代个性化直至消灭差异的发展模式，是应当到了重新评估其价值的时候了。我们再也不能从纯粹的城市化标准去判定旧城改造的价值，因为这里的继承与发展之间相互关系的价值取向往往被人们所扭曲。

从历史文化角度分析，田子坊风貌区是上海近现代传统社区发展脉络的一个缩影，它清晰地显示在建筑风格的变迁之中。在这7.2公顷地块上，几乎从现代江南农村社区到法租界“华、洋”混居社区的各个阶段都留下了踪迹。有关专家认为，这里是上海历史街区中保存历史文化遗产类型最为丰富的社区之一。在田子坊全然找不到盛行于我国城市中的“明清仿古一条街”，以及矫揉造作的水泥为骨架的“流水小桥”那种令人仿佛置身于摄影城般的压抑感。无怪乎，香港旅游管理局要将原生态气质浓重的田子坊列为赴上海旅游推荐的十景之一。

同济大学城市规划设计研究院、国家历史文化名城研究中心制定的《上海泰康路历史风貌区保护与利用规划方案》，将风貌区规划为“集里坊居住、文化创意产业和艺术消费休闲为一体的现代新型里坊社区”，起到了再现风貌区里坊社区的历史内涵，展示近代社区发展的传承脉络，营造未来城市生活新型社区之作用。为避免过多的历史遗憾，市规划部门在认真研究同济大学专家规划的基础上，应结合现有的打浦桥地区规划进行一次比对式的社会听证和专家论证，以求公共建筑资源的配置尽快走向公共选择。

第二节 田子坊的波浪效应

田子坊模式的波浪效应在于推进了我国社会利益分配机制、公共资源配置模式和城市旧区改造主体的三大变迁。田子坊的成功不仅改变了我国城市旧区改造的传统模式，还对我国现阶段社会利益分配格局提出了尖锐的挑战，其深远意义已远远跨越了经济领域，甚至在社会领域和文化领域激起了涟漪。因此，各级政府曾经对突如其来的“田子坊现象”出现过茫然的态度，这是极其正常的。我个人认为，对于“田子坊”现象的认知应当从前瞻的、历史的和发展的视野去评估，站在上海资源储备结构与生产结构必须协调的基点上，站在上海历史文脉亟待传承的基点上，站在上海城市功能面临快速提升的基点上去把握，方能取得共识。

一是“田子坊现象”正在导致社会利益分配模式从行政垄断为主导走向市场竞争为主导。转型经济时期的本质特征是社会利益的重新分配，不仅庞大的国有资产面临重新分配，建国以来首次进入市场的土地资源产出的利益也正在进行重新分配。但是，由于其分配机制长期以来处于行政垄断的支配之下，其直接后果犹如我国行业垄断产生过“全社会福利损失”和“收入分配扭曲”的两大效应一样，她在庞大的利益集团的控制下，正在促使社会总效益的减少和社会弱势群体的利益向利益集团转移。城市旧区，尤其是历史文化街区的改造产生的效益是全方位的，除居住性和商业性地产效益之外，还应有文化产业效益、都市型产业效益及其他效益。但是，我国大多数开发商除青睐于居住性地产和商业性地产效益之外，绝少考量其他的综合性效益，从而导致社会总效益的减量。这种“减量”在单纯追求GDP增量的传统发展模式中已充分体现出来，其主要表现有：其一，无效增长损耗了国力。例如2006年我国治理新产生的污染之费用高达10800亿元，约占当年GDP总量的6.8%。换言之，当年11%多的经济增速，实际只有4%多一点；其二，决策失误导致效益损失。决策失误主要集中在三个方面：①投资决策失误造成巨大浪费；②城市规划决策失误导致建设性破坏；③人才培养决策失误造成人才资本闲置；其三，疏于文化资源保护导致城市无形资产大量流失。我国旧城改造中社会总效益的“减量”，是完全由传统的改造模式所造成的。由于政府财力之限，这种改造通常借助于开发商的力量去实施，其利益在开发商、政府和被改造街区居民之间实行按资分配，结果往往是开发商得大头，政府的非税收入是中头，居民一次性动迁补偿是小头。这种分配方式及其结果符合了开发商的趋利动机，也迎合了地方政府“现卖现收”的短期财政预算平衡目标，但于居民则丧失了一次“资产性收入”的机遇，而于全社会更是流失了一份“沉淀了的历史文化价值”。

“田子坊现象”改变了这种模式，使旧区改造产生的利益局限于政府与居民之间进行分配，不仅其大头归居民，而且使利益的获取走向稳定性和长期化，即居民长期收租金，政府长期征税收，既有利于改善居民收入预期、提高即期消费能力，还有利于改变政府短期经济行为，提高可持续发展水平。其中尤以将一次性征收重税转化为长期征缴的低税，其意义之深远不可小视。当全社会总福利减少、消费需求下降的今天，将集中的税赋分摊至未来，正是我国税制改革之方向。正如经济学鼻祖亚当·斯密于1755年说过的一句名言：“除了和平、轻税赋和宽容的司法行政外，把一个最原始的国家发展为最大限度繁荣的国家，就不再需要别的什么了。”从2007年4月底泰康路210弄和248弄居民出租69户起，仅在半年左右时间里已迅速扩租到157户，面积高达5000平方。入驻企业正在走向国际化，分别来自26个国家和地区，构成商旅文相融合、海内外共发展的创意经济，与街区开发低成本导致企业入驻低门槛不无关系。因此，其模式足见生命力之盛。

二是“田子坊现象”的效应促使公共资源的配置从少数人选择

近悦远来，宾客满座的田子坊

走向多数人选择。社会失去和谐的一个根本原因是公共资源配置偏离了多数人选择的轨道，而堕入了少数人选择的模式。我国GDP的财政负担高企，是国民收入分配失去公共选择的结果。而公共财政资源的配置也同样存在模式选择的问题。早有报道称，广东珠海市在珠三角地区GDP总量偏小，但却率先实施12年免费教育，婚检和孕检均由政府埋单，全市60岁以上老人免费乘坐公交车。这种“民生”为执政第一要务的财政理念，符合了公共资源的配置走向公共选择的原则。前年我曾在致函上海市人大常委会时提出，政府政策的有效性评价应当符合经济学上的“帕累托改进”的原理，以求让所有的社会群体都能享受政府政策的恩泽，既使不受惠的群体也不致于利益受损。据此对照，随着田子坊街区改造的深入，反而其社会矛盾逐趋减少的事实证明，作为一种公共资源的配置，“田子坊现象”符合公共选择的模式。这里有数据为证：在田子坊出租的住户居民中，有50%的房屋是整幢出租的，其中有一幢（110m2）住户人口达7人。尤其是泰康路210弄出租户的分布面已波及75%的单元（门牌）。换言之，田子坊出租受益户数正在高于非出租户数，后者虽非受益户，但也非受损户，且随着业主数量的递增，承租面积必将进一步扩张。只要管理部门协调得力，借势加大整幢出租比例，则完全可以逐步消化非出租户数量。政府工作的重点应当是积极鼓励和扩大出租规模，以带动非出租户尽快进入租赁市场；而不宜采取消极的限制政策去为出租户设置人为障碍，进而因噎废食地去平息少数非出租户的不满之声。放宽田子坊“居改非”限制是推动田子坊模式走向完善之关键，它既符合当代发达国家推行“非登记式微型企业制度”的趋势，又能顺应上海就业机会多元化的客观需要。对此，卢湾区政府正在加以前瞻性地支持。

三是“田子坊现象”推动城市旧区改造的实施系统从政府为主体走向以非政府为主体。我国两大根本转变的前提是两大地位的变迁：资源配置方式的转变取决于政府地位从领导经济转向服务经济；经济增长方式的转变取决于主导要素从有形要素投入为主转向无形要素投入为主。当前，我国两大转变之所以往往转而不变，其源盖出于两大地位转变滞后。现行城市改造主体的定位，皆起源于对房地产业在我国经济崛起中的地位缺失正确评估之故。世界经济发展史证明，没有一个完成工业化使命的国家是靠房地产业主导的。而美、日经济发展经验证明，房地产业往往是在国家工业化完成之后才有发展的空间。我国这种“抢道”式发展，其结果只能与国民实际购买力相脱节，又与我国稀缺资源土地的可持续配置相背离。此外，由于我国将短期利益明显的房地产业作为支柱产业给予扶植，其结果反而疏于对具有发展潜力的真正支柱产业的扶植。

其直接后果是孕育了一大批缺失专利技术的“不动脑”企业，我国近几年来为汽车、电器制造业因乏于专利技术，被迫向“洋人”支付了难以估量的专利费（其中为美国波音和欧洲空客奉送了上千亿元），便是支柱产业核心技术“空心化”之结果。

据国外经验证明，政府作为城市旧区改造实施系统中的角色，其主要任务在于规划、协调和服务（包括法律服务）。但由于我国现行财税体制的驱使，在财权与事权有失对称的压力之下，地方政府被迫过度地介入了房地产开发，旨在短期内构建“第二财政”，其后果必然导致土地资源配置效率低下，地租失去了经济调节作用，导致城市景观生态严重失衡，历史文化底蕴淡化。这种权宜行为，对于缓解本届政府财力困境尚情有可原，但对后续政府却是有百弊而无一利。因此，变换旧城改造的实施主体已成历史之必然。“田子坊现象”的实质是将旧区改造的实施系统逐步从政府作为主体转向以非政府作为主体，其结果有三：一是改变效益特性。旧区改造产生效益的特性将从短期走向长远，从单一走向综合，从外流走向内聚；二是改变投入特性。旧区改造投入的特性将从低效走向高效，从财政走向社会，从业主出资走向客户带资；三是行为评价不一。对其行为模式的评价，很可能会形成社会支持、政府非议的反差局面，原因是出于观察事物角度和利害关系立场的差异。

稍有观察能力者均不难看出，田子坊模式的本质在于从传统的“与民争利”走向了“让利于民”，从传统的微利性的代工企业走向厚利性的创意企业，其深远影响不可低估。历史是现实的殷鉴。我国历史上的几次著名的经济变革，诸如汉代的盐铁专卖、王安石变法、张居正的重新界定田亩、廊清的赋税改革等，之所以均以“强国富民”目标起步 ，却无不回归于聚敛民财之结果，皆因改革决策者毫不例外地走上了公共资源配置的非公共选择之路，以致于不得不屈从于社会庞大的既得利益群体之压力。

第三节 田子坊的发展模式

田子坊发展模式的最本质意义在于其向传统的政府职能及其与之相适应的行政方式提出了挑战。一个地区，一个城市，乃至一个国家的发展模式，涵盖了资源配置方式、经济增长方式、资本积累方式、财富分配方式、政府职能定位及其行政方式。纵观田子坊的发展历程，它是服务型和市场化的管理模式之产物。目前，田子坊已逐渐成为卢湾区社会、经济、文化协调发展的亮点，它是上海迈向21世纪的骄傲，也成为全国城市改造模式转变和培育城市经济新增长点的楷模。作为市场化产物的田子坊，其发展指向得益于市场化管理模式，这是不言而喻的。我国改革开放初期企业曾经普遍遭遇过的“管、卡、压”，这些绝不能在田子坊重现，这既是时代的诉求，也是田子坊进一步发展之必然。

从理论和法理上判断，社会主义国家代表全体民众的利益，而不存在统治者自己特殊的利益。但在长期的执政过程中由于公权力日趋分散化、部门化和人格化，客观上已形成了一部分既得利益者，其构成是政府权力掌控部门及其与权力关系密切的特殊群体。这些既得利益者会制造各种口实去强化国家干预行为，诸如职能部门热衷于立法机关为本部门制定具有单向约束力的法规，或是成立垄断性质的行政“翻版”公司（我国铁路部门成立4600家，交通和通信部门成立12.9万家公司和企业等）去索回改革中失去的权利。从这一视角出发，我们就能解读出以下数据的背景，即：我国平均每26位百姓要供养1名财政供养人员，比西汉时期高出306倍，比清末高出35倍；最近几年，我国每年机关用车费、招待费和出国考察费分别高达3000亿、2000亿和2500亿元。换言之，每年全国社会辛苦创造的剩余财富有1/3要用于国家机关的运转，可见其行政成本之高昂。

亚当·斯密和马斯格雷夫关于政府经典职能的表述，是我国政府职能和行政方式转变的基本依据，其转变方向有三：一是从政策政府走向法制政府。这一转变使政府的职能从“无所不能”、“无所不为”的地位转向了受制于法律约束的有限政府；二是从利益政府走向责任政府。这一转变使政府的身份从特殊利益集团转向了公益集团；三是从管理政府走向服务政府。这一转变使政府的岗位从社会主管转向社会雇员。政府职能转变的本质是一种“自我革命”，即政府对其传统职能和行政方式的一种自我否定。这种否定，体现在资源配置方式从政府为主导的计划模式转向市场为主导的模式；管理和规范市场的手段从政府行政手段的直接干预模式转向政策和法律手段并用的间接干预模式；经济结构的调整从政府利益偏好为导向转向市场效率为导向；经济管理的工具从政府直接参与经济活动为主、转向以非直接参与经济活动为主。这是一个跨越历史时空的转变，因此其过程是痛苦的，其行为是复杂的。正因为如此，经过30年的决择，我国政府才于纪念改革开放30周年的2008年，决定将政府管理体制改革列为全年三大改革任务之首。改革决策的艰难性折射出改革任务的艰巨性：当政策政府走向法制政府时，政府的角色定位将从政策资源的拥有者转变成为法律资源的受制者；当从利益政府走向责任政府时，政府将从经济运行规则的受益者转向经济运行规则的卫道者；当管理政府走向服务政府时，政府将从社会公共秩序的指挥者转向社会公共秩序的维护者。

角色和地位的变化，是政府职能和行政方式转变的必然结果，其转变导致政府权力的丧失可以归结为两大原因，即：其一，从与市场争权走向与市场分权。从而实现政府与市场之间“权力”的历史性双向回归，进而优化了公共权力结构；其二，从与民争利走向让利于民。从而实现政府与社会之间“利益”占有关系的历史性双

田子坊里的“泰迪小熊”之家

向调整，进而走向富国强民之道。要实现这两大历史性的双向回归和调整，政府的职能要迎合两大特性，即市场化和服务性。当行为主体（区政府）职能在没有转变到位的情况下，它从自身的传统职能、行政方式和思维逻辑的视野去组建的“田子坊管理委员会”，无论其指导思想、成员构成，或是管理模式，均难以摆脱计划性的桎梏和行政化的樊篱。田子坊管委会建立的初衷是促进田子坊的发展，但其后果与之尚有差距。诸如入驻企业涉外消费的刷卡业务曾一度久拖不决，提高了消费者进入田子坊市场的门槛；租赁的公房有时得不到及时维修，提高了入驻企业运行成本；街区公共基础设施工程进展迟缓，弱化了企业商业环境；管理人员主持会议的时间不能完全适应业主经营的作息特点，颠倒了服务主体与服务客体的关系；街区招商方式有时从服务者“中介”改变为管理者介入，扭曲了市场运行主体与市场服务主体的关系；管理资金使用的监督制度尚不完善，降低了资金资源配置效率等等。有鉴于此，田子坊的发展模式应当不断完善：

其一，完善田子坊管委会功能定位。田子坊管委会的功能定位要从管理走向服务，据此，其与内涵相符的名称实为“田子坊服务与管理委员会”。这一更名体现两层意思：一是体现以服务为主的理念。换言之，田子坊服务管委会应是一个“后勤部”的角色，是具有政府背景的服务机构，作为一个公共服务的平台，其高效性在于它能协调并指挥各相关的服务职能部门，而决不能使其演化成为一个“协而不调”、“推而不进”、“督而不促”的官样机构；二是体现服务在先，管理在后的理念。管理在后的理念不仅凸现了“服务为主”的思想，而且其管理的角色定位在于作为服务的配套，即对服务行为的一种规范性保障。这种保障，要充分体现在对政府服务部门的协调、督促和落实之上。换言之，田子坊服务与管理委员会是区政府公共服务平台的一个衍生性平台，它常驻于田子坊。

其二，健全田子坊管理委员会的职责。职与责是互为对应而又互为制约的体系，二者缺一不可。“职”是与功能定位系统相匹配的对应体系，管委会的岗位责职显然应当有利于体现政府服务指向和市场效率指向。政府服务指向的关键是要构筑公共服务平台，这个平台既应明确服务的“目标管理”，更应明确服务的“过程管理”。田子坊管委会虽已设定了“目标管理”，即协调、督促和推进，而由于“过程管理”与之相对应的力度尚不够到位，故而无法使之完全落到实处。“责”又是建筑在“职”的定位基础上并与之相对应的体系，田子坊管委会的责任规定之偏颇在于虽然确立了“责任条款”，但没有确立“失责条款”。对于管委会的监督，应具有双重机制，即“监督他人”的机制和“被他人监督”的机制。前者监督是管委会为履行自己职责而去监督相关的政府服务部门，其监督的有效性取决于监督者的责任。后者监督的主体是由管委会服务的对象所构成，旨在使管委会的“监督责任”落到实处，当前的田子坊管委会有监督机制不够完善而可能流于形式之虞。2008年6月12日草拟的“田子坊促进会主要职责”中有关“建立园区公益事务民主决策（参与）的制度、公共利益民主协商议事制度，建立政府在园区内实施的公共建设听证制度、园区企业与原住民利益诉求的表达与沟通制度和对政府相关部门工作的民主评议（监督）制度”的建议条款不无道理，因为它既符合公共资源的配置走向公共选择的基本原则，也符合田子坊管理委员会的职能和职责要求，更符合田子坊市场主体进一步发育的利益偏好。管理是一种权利和义务的复合体，但其本质体现是一种权力，而权力往往具有自我扩张的惯性，必须辅之以听证制度、利益诉求制度和民主监督制度去制衡、去约束。古今中外的历史经验证明，对权力最有效的约束和规范手段，往往还不是监督，而是制衡。原因在于，监督手段的先天性不足就是它与被监督者之间存在信息、地位和资源上的不对称性。为此，建议在正式完善《田子坊管委会工作职责和工作制度》时，将田子坊促进会的这些有益的建议适当吸收进去。

其三，优化田子坊管理委员会的成员结构。组织的成员结构必须符合机构的功能结构，换言之，组织的成员结构体系应该适应，并服从于机构的功能结构体系。田子坊管委会的成员结构及其工作人员的素质条件还未完全摆脱机构功能定位的行政化、非市场化和领导化色彩之痕迹。综观田子坊管委会领导构成成员，基本上以政府机构为主体，而下属工作人员又多为本单位的“机动”群体。这就使田子坊管委会的人力资源配置缺乏必要的素质要求作为基础，因而，在一定程度上降低了管委会团队的整体执业水平、执业能力和执业精神。为此，政府应考虑将田子坊管理委员会的组成结构调整为三个部分，即政府部门成员、田子坊原始初创阶段的管理人员

（他们熟悉田子坊市场发育过程及其运作规律，是事实上的田子坊管理“土”专家）和田子坊的业主代表。管委会下属工作人员的选择，也应尽量遵循招聘公示、择优录用、集体审核的原则。

在金融海啸肆疟的今天，区政府面临的市场发育和产业升级之难，是不难理解的。为此，应当十分珍惜和把握田子坊的发展机遇。田子坊的崛起，是卢湾振兴的重大转机之一。这一历史性的事件，将永远与“卢湾”的名字在一起，因奠定了我国新一轮城市改造模式先驱者的地位而载入史册。从某种意义上评说，田子坊是各界有识之士智慧的共同结晶，并非个人行为的结果。因此，卢湾区各级政府部门应当用历史的眼光去审视它的发展，关心它的成长，谋求它的壮大。田子坊发展模式的完善应当力求在本届政府任期内实现，而决不能让其倒退。对于田子坊管委会服务职能的认知出现不同的见解和理解，这是正常的。因为，管委会的职能定位折射出的政府管体制改革的根本方向，本身就具有探索性。实践是检验真理的唯一标准。邓小平同志南巡讲话中关于姓资姓社的“三个有利”标准的精辟论述，是判断田子坊发展模式正确与否的唯一标准。这里需要强调的是，在完善田子坊管委会职能时尽量要摒弃部门利益和个人情感的偏好。有道是“事如芳草春常在，人似浮云影不留”，与田子坊的事业相比，个人情结再浓重毕竟还是次要的，振兴卢湾才是主要的。

第四节 石库门的文化价值

对田子坊的解读，离不开对石库门文化价值的认同。石库门的文化价值向世人提示了一个事实，即后现代文明社会建设离不开对城市历史和传统文化的重新研读。上海繁荣和发展现代服务业的重任，已经历史地落到卢湾、黄浦、静安等中心城区的肩上，这一结论与这些地区文化资源存量规模不无关系。现代服务业有其两大基本特征：一是其产品具有不可储存的特性，它是一种非实物的无形商品。以飞行器的航空坐位为例，飞机一旦升空，再多余的坐位也随之空耗。二是其生产过程中的不可回收成本高。不管你有无生意，厨房照常运作，空调照常运转，出租车照样满街跑。两大特性之中，前者决定了现代服务业的生产与消费同步发生，即其消费需求决定其发展前景；后者决定了现代服务业的收益与成本不完全对称。

为此，“有效需求”是现代服务业生存发展的决定性因素。有鉴于此，中心城区现代服务业的发展应遵循两大路径：其一是需求引导供给的路径。诸如，应著名画家陈逸飞等创意大师之需，打浦街道有识之士创立了“田子坊”创意产业区。又如随着知识经济时代的到来，知识更新的需求导致各类培训机构犹如雨后春笋。其二是供给创造需求的路径。具有前瞻性的“供给”能主动地创造出“需求”来，其方式有两种：一种是在差异性发展模式中争取需求。例如，在上海传统的生活性服务业（俗称消费性服务业）中，大众化服务“供大于求”的局面与个性化服务“求大于供”的局面并存，这就为差异性发展模式提供了争取个性化需求的空间。个性化服务的需求群体主要集中在外商雇员、公司白领、高知份子和其他有消费能力的广大中产阶层，而他们的集聚地基本上位于沿海地区城市，尤其是中心城区。诸如汽车租赁、家庭病床、特需病房、全职保姆等个性化服务首先从沿海开放城市崛起。

另一种“供给”创造“需求”的路径，是在创新发展模式中培育全新的需求群体。例如，20世纪90年代诞生的数字技术是对传统模拟技术创新的结果，随之创造了新一轮替代性和关联性技术，在推动一大批诸如光学电子、航空电子、生物能源、基因工程边缘性产业萌生的同时，又催生了新的需求群体。又如，以国产电视剧为例，目前年产（供给）1万多部，电视台播出（需求）仅半数多一点，其资源浪费惊人。为此，国家广电总局正在酝酿“制播联动”机制，将需求方的购买行为从交易环节提前到创作源头环节，改变了“制播分离”和“制播合一”的落后模式，在提升供给质量的同时，必然会提高需求的有效层次。再如当单纯的物质因素难以引发消费者的购买欲望时，文化因素往往是主动引导消费群体需求结构变迁升级的重要源动力。无数事实证明，导入文化因素，可以丰富一个地区要素资源的内在价值。

进入21世纪以来，随着我国商品短缺时代的结束，社会需求结构和消费结构正发生深刻的变化，人们正在从生存型消费迈向发展型消费，从温饱型消费走向享受型消费。这种变化的趋势之一是推动了全球奢侈品市场的东移。据高盛公司报告，2004年中国人购买奢侈品数额已占全球市场份额的12%，它极大地改变了国人素以“勤劳、朴素”而著称于世的形象。与之相对应的另一种趋势则是社会经济正在悄然地向“精神—文化”消费转型，进而推动现代服务业的需求结构逐趋向“低物耗”型转化。作为近现代文化内涵极其丰富的中心城区，由于长期以来偏重于追求物质型消费，以致文化资源的商品转化率低下，使现代服务业发展缺失互补性的支撑。

当今世界各国游客对中国人文色彩浓厚的景观呈现趋之若骛态势，我国各地因此掀起了保护文物性建筑的热潮。除一代理学大师朱喜的武夷山故居修茸一新之后，西藏拉萨八廓街上围绕大昭寺的

93处院落已列为布达拉宫世界文化遗产的拓展项目。紧随其后的是陕西的周、秦、汉、唐四大文化旅游区和山东曲阜的孔子文化和“东方圣城”。但与此潮流相背的是京沪对自身历史建筑的摒弃。法国《费加罗报》曾将北京市的胡同和四合院不断消失的现象归之为一种“文化自杀”，是“把自己伟大的文化变成平庸”的行为。与北京四合院一样，作为人们重温城市历史、把握城市历史文脉的重要物质文化遗产的上海石库门，在追求“一年一变样，三年大变样”的年代里，大批外表破败的民居被视为城市落后象征的“危房”而遭到“摧枯拉朽”。由于时代的局限，当时的旧城改造者苦于没有能力去解读“石库门”所隐含的文化价值信息，即其中的建筑艺术价值、历史文脉价值、社会风俗价值和景观审美等价值。

如果说浦江东岸的现代气息建筑群是上海城市迈向新世纪活力的标志的话，那么外滩万国建筑博览是上海城市近现代史的见证，而石库门建筑则是近现代“上海文化”的物态性浓缩。历史证明，那些蕴涵自身独特历史文化底韵的元素才是城市不可替代、最具活力和再生力最强的经济资源。传统的历史文化具有强烈的自我修复和再生的力量，大有“野火烧不尽，春风吹又生”之势。以汉字简化这场“文字革命”为例，虽说只花短短的7年时间完成了自秦帝国以来近2000年的文字变革，但仅仅维系10年时间后繁体字又重新出现在人民文学出版社的大批中外名著之中。其根本原因在于汉字承载着我国丰厚的历史文化及其积淀，它是难以用几年时间加以革除的。如据徐文兵《字里藏医》一书中所述，以“思”字为例，繁体字为“恖”，是在“心”上面加个“囟”字，囟门是婴儿大脑发育完成最后闭合处，表明大脑是思考的器官，而当汉字简化后将“囟”改为“田”之后，其含义已不复存在了。

从此意义上判断，文化的载体是有形的，可以被存毁，但其生命力是无形的，是非人为所能消除的。但是，文化的载体若能保存，将会起到多重的社会效用。例如，把幸免于难的石库门建筑及其文化永久地奉献给眷恋着上海历史文脉的中外游客，既是历史文化再生性的活力体现，又是政府民族性和全球化的一种胸襟，其出典是法国巴黎市政府曾经断然地“要把塞纳河畔还给那些缱绻相偎的恋人”。巴黎市政府的此举，显然是深刻反思当年奥斯曼对巴黎实施“休克疗法”的颠覆式改造后果的一种忏悔。奥斯曼去世100多年之后，在法国学者的一片指责声中，《费巴罗报》刊登的封面文章“奥斯曼，是不是毁掉了巴黎？”震撼了国人的心扉，以致促使法国成为全球最早立法保护文化遗产的国家，著名的马尔罗法就诞生于1962年。

据此意义评说，欧洲人的价值观正在日益归之于民族化和人性化，而主要还不是归之于现代化和工业化。他们深知，经济的繁荣只是物质力量的表征，而民族文化才是精神世界的灵魂。意大利罗马这座现代化的都市很少能找到一座现代化的建筑，游人的普遍感受是今天的罗马与2000年前的罗马近乎一个样子。这种历史文化的无缝传承，源自于罗马人以古罗马时期的文化为荣。基于同样的逻辑，上海位于泰康路上的“田子坊”已经开启了以石库门文化为主旋律的城市文脉传承的“先河”，终于使石库门内外成为艺人创业、游人赏景、房主收租、政府征税的新天地。

哲学家海德尔寓意深远地说过：“人，诗意地栖居在大地上”。于是可以得出的结论是，懂得生活与审美情趣互为因果。作为城市服务业的房地产业，其发展也脱离不了文化价值的支撑。消费者在作出购房决策时，在很大程度上越来越考量文化的元素，诸如小区环境的人文标志和园落创意。吸引人们入住“新天地”的是水文化；陶醉外国游客的是田子坊的原始街景；招揽工艺美术大师云集上海苏州河北岸的是那里的上海工业文明时代的遗址和历史信息。如果说当具有典型的日耳曼风格的济南老火车站被清除，历史文化名城济南一条浓缩了500年历史的古街区被推平，杭州颇具文化底蕴和历史感的中国美术学院老校区被拆除，天津居住过数百位中外名人（包括清庆王载振、民国总统曹锟、美国第31位总统胡佛等）的“五大道街区”面临消亡时，中国房地产开发商曾被人们讥为文盲的话，那么当人们泛舟于变了水味的杭城西子湖面的时候，当人们无奈地与黄山景区的小贩、挑夫、饭馆店主为维权而烦恼的时候，当人们在庐山遭受恶意收费的时候，当人们只能在夜间禁闭式的船仓内远眺三峡投在江面上的剪影时候，当人们登临已经成为“第二条黄河”的长江黄鹤楼时候，当人们仰视比唐代原作高出一倍多的滕王阁时候，当人们漫步于面临被世界文化遗产项目除名危险的山西大同云岗石窟时，将又作如何感怀呢?

因此，大都市政府应率先彻悟：现代服务业的繁荣是历史进入后现代文明的重要标志。而后现代文明的萌生和发展，离不开对城市历史、传统文化和景观生态的重新研读。就上海而言，这种“研读”，在很大程度上是要对长期封存的历史建筑语汇的“启封”和诠释。近百年的史料证明，作为上海城市的中心城区，是人文积淀最凝重的领地。以卢湾区为例，著名诗人徐志摩住宅位于南昌路上的花园别墅11号，著名电影导演应云卫与之相邻，多艺才子丰子恺入住于凡尔登花园的日月楼，大律师史良的寓所座落在复兴坊，著名学者徐懋庸、作家记者曹聚仁和画家关良入住于花园坊，著名作家丁玲在万宜坊下塌，著名革命家陈独秀、新闻前辈邹韬奋、著名电影演员赵丹、书画大师钱君陶居住地也近在咫尺。与之比邻、占地不过1.7公顷的淮海坊更是名人荟萃之地，民主人士杨杏佛、著名科学家竺可桢同住42号，鲁迅先生夫人许广平住64号（鲁迅全集是在64号开始筹划、编辑和出版的）；著名文学家叶圣陶、一代画师徐悲鸿也曾在这里寓居。

无数教训告诉人们，名人故居的保护绝不是简单的公示铭牌标记，而应组织力量进行建筑整修、环境整治和文物整理的“三整”工作，旨在实现风貌如旧，环境如初、文物如声之目标。风貌如旧靠修旧如旧的软改造；环境如初靠按历史线索复原毗邻。而要实现文物如声其难度非同一般，保护者必须具有历史唯物主义的勇气和胆魄。例如，位于上海市自忠路上的一座石库门建筑是“上海第三次工人武装起义”旧址，它迄今为止发出的声音是“变声”的。这里不仅旧址已挪作它用，而且其整理保存的文物史料向世人传递的信息，竟将这次举世著名的工人武装起义的真正领导人由陈独秀改为周恩来（当时他在中央军委工作，是负责之人一）、罗亦农和赵世炎。陈独秀作为中央总书记，为领导这次起义从当年的2月23日至3月20日间的31次特委会中参加了30次，且每次发言均起过决定性的作用（《党史信息》1987年第2期）。这种“以人划线”，又再“以线取人”的史学态度若不改变，则将有损文物的历史文化价值。

作为我国30年代文化的发祥之地，上海的石库门起到了极其特殊的“鸟巢”作用。因此，从某种意义上判断，人们若想读懂上海的近现代史文化，还得从中心城区的石库门文化开始研修。基于这种特殊背景优势和文脉资源，为有助于对石库门文化的保护和弘扬，并藉此在拓展中心城区现代服务业领域中获取先发性效应和引领地位，中心城区政府应尽快从全方位视角，率先构筑上海石库门文化的传承平台。而支撑这个平台的三大支柱则是保护石库门非物质文化遗产、筹建石库门风俗博物馆和设置石库门文化节，三者互动旨在构建石库门非物质文化遗产的生产、保护、延续、展示和再创造的“上海基地”，藉此推进文化资源、旅游资源和史学资源商品转化率的提升。田子坊的可贵之处，在于其已经先于人们“远虑”到了这一点，并开始了有益的尝试。

第五节 田子坊的名人资源管理

田子坊的名人资源管理思路告诫人们，城市竞争力优势的体现主要不在于资源禀赋程度，而在于资源配置效率。席卷全球的金融海啸，引出的深层次思考有二：一是金融的特殊功能决定其体系具有先天的不稳定性。货币加速周转会导致社会产生“财富幻觉”，进而驱使投资非理性扩张，在虚长金融资产的同时，催生经济泡沫化。以美国次贷危机前夜的2006年为例，金融业创造了全美1/3的企业利润，然而其产值只及GDP总量的2%—3%。被这场金融海啸拖累最烈的英国，便是由于其金融业在经济总量中独占鳌头之故。因此，在产业结构升级过程中，合理优化现代服务业的行业结构比例，已成全球共识。有鉴于此，作为应对之策的产业替代，素有“无烟产业”之称的旅游业正在为世人所青睐。二是富民才能强国。邓小平同志所倡导的“共同富裕”，具有两大层面的含义，即：其一是指缩小社会强势群体与弱势群体之间的贫富差异；其二是指要在国强的同时确保民富。长期以来由于分配制度的缺陷，导致我国的国家财富主要体现在公共财富的创造之上，而忽略了私人财富，尤其是弱势群体财富的积累，进而导致全社会消费总需求的下降。这种下降所呈现给世人的“生产过剩”态势，其本质是我国资本扩张与劳动收入萎缩形成反差之后的相对过剩，而非绝对过剩。换言之，当我国为应对金融海啸而引发的外需萎缩局面时，内需的振兴正面临着多数国人实际支付能力不足的制约。这一教训，进一步折射出“田子坊”旧城改造模式的历史性意义，因为它从根本上扭转了“开发商得大头，政府的非税收入得中头，居民一次性补偿得小头”的传统利益分配格局，从而开启了居民获得持久的资产性（租金）收入的先河。

晨曦中的田子坊

田子坊弄堂内的咖吧

我带着上述思考重新走进田子坊。当我看到门可罗雀的“陈逸飞工作室”旧址时，不禁百感交集，思绪自然回到四年前我为悼念这位艺术大师而写的“从陈逸飞所想到的”一文（见附）。我在文中论述的主题集中在两点：一是试图唤醒我国中年知识分子最大程度地优化自身有限生命资源的配置效率；二是呼请政府要重视上海名人资源的管理和配置，并适时将“陈逸飞工作室”转变为“陈逸飞研究室”。近日，受江苏周庄的启示，我认为上海应尽快促成筹建“陈逸飞艺术馆”。十年之前，以陈逸飞为领军人物的一支艺术家队伍在泰康路上建起了“艺术硅谷”，从而使泰康路210弄有幸见证了这位艺术大师生命最后阶段的辉煌：从1991年至1998年的8年之中，他的33幅作品竞拍额高达4000余万人民币，2007年其油画《黄河》单幅竞拍所得高达3000多万元，开启了中国艺术界称雄国际艺术市场的先河。然而，“陈逸飞艺术馆”竟然会首先耸立在这位大师毕生无数写生景点之一的周庄，实在令人愕然。低成本配置上海资源是创造苏南经济奇迹的动力源，周庄政府率先跨地区配置上海名人资源便是“苏南模式”的经典案例。其直接收获是平添了大批中外的旅游者，而其乘数效应是地方有形资源的增值。

令上海人思索的一个命题是：城市竞争力的优势并非在于资源的禀赋程度，而取决于资源配置效率和水平。因为，资源是从配置水平低的地区流向配置水平高的地区，自然资源如此，人文资源也是如此。强化人文资源的管理和配置，正是上海应对金融海啸的重要对策之一，它事关扩大内需，也事关上海服务业内涵的拓展。基于上述思考，在卢湾区政府的关心支持下，田子坊决定在原“陈逸飞工作室”的基础上筹建“陈逸飞艺术馆”，其效应是乘数的。（见附）

第一，有利于推动上海服务业结构体系优化。我国服务业产品附加值低下源自两大倾向导致结构层次有失合理：一是重生产性服务业，轻战略性服务业。在我国制造业产业链现行分工态势下，生产性服务业主要面向加工型的制造环节，其依附型的打工经济模式呈现出“生产多，得利少”的局面。这是一种拉美式的依附模式，其结果必然是国际资本和买办资本得大头，民族资本得小头，付出牺牲的是工农。自从印度独立起，英国人为令其成为附庸，便将拉美发展模式导入。有人断言，未来中国决不会在军事战场上败北，而会栽倒在“拉美模式”上。战略性服务业则不然，它是面向创造自主知识产权的企业为主，其特点是“生产不多，得利不少”。由于战略性服务业地位的弱化，以致在2005年世界品牌的500强中，我国只占4席，美国占249席，法国46席，日本45席。因此，在现代服务业领域中，上海应强化战略性服务业的培育，诸如强化教育、科研和研发业；二是重生活性服务业，轻精神性服务业。田子坊的历史证明，导入文化因素，不仅可以丰富一个地区资源的内在价值，而且有利于引导服务业需求结构向“低物耗高附加值”型转化。文化旅游实际上便是一种“精神—文化”型的消费。在世界发达国家和地区，文化旅游业的繁荣是其进入后现代文明的重要标志。上海要使消费结构升级，就应当提高文化资源的商品转化率。而上海资源储备结构特征所决定，其海派文化资源的存量最为丰富，这是一笔取之不尽的可再生资源。

第二，有利于优化上海名人资源的管理和配置。名人遗产是上海一笔独特的社会资源，其配置价值不可低估。上海独特的通江达海地理特征使其成为历代名人荟萃之地。改革开放以来，问世于清末民初的一代大家已相继离世，他们的离去暗淡了社会科学和自然科学两大领域中先知者的光芒，但还是留下了他们记录人生轨迹的珍贵史料，其中包括著述、手稿、笔记、通信和其他有价值的考证藏书。但是，由于社会机制的缺陷和门户观念之限，名家藏品不能进入各级公共图书馆，绝大部分又无机会列入个人纪念馆陈列，其典藏拥有者的子嗣或家眷往往由于专业、志向、兴趣的差异而难以保全藏品，导致的损失之巨，已难以估量。为此，我曾于上海市第十一届人代会期间提出过建立“上海名人图书馆”的建议，旨在为上海名家学术事业的传承构筑平台，即：让名人终端产品（成果）进入社会公共图书馆，而名人的过程产品（如手稿、笔记、通信等）进入名人图书馆。但对于具有重大学术影响的大家，名人图书馆还不足于启迪后人和激励社会，而应建立名人纪念馆，它与名人图书馆相比，更具有开放性、传播性和继承性的特点。因为艺术大家的影响面已突破了地域和领域的限制，具有跨越时空的特征。陈逸飞便是如此，他是海派文化的代表性人物之一，其艺术的触角已波及绘画、电影、服饰、城市设计等诸多领域。在对外文化的交往史上，他是将中国油画引向世界的第一人。

第三，有利于巩固和扩大上海田子坊的示范效应。上海田子坊在上海市委、市府和卢湾区委、区府的鼎力支持下，已经培育成为对外昭示上海产业创新、旧城改造、社区建设和文化传承的一张名片。在区区2万多平方建筑面积的范围内，通过民居改造落户了188家企业，在改建的旧厂房内入驻了137家企业。这里云集了26个国家和地区以及我国云南、广西、四川、新疆、内蒙、浙江、上海等省市的文化创意产品，俨然成为一个区域性的国际民间博览会。田子坊开创了创意产业集聚之先，也开创了旧城改造模式之先，还开创了市民非证券类资产性收入之先，更开创了名人集聚效应之先，构筑起艺人创业、游人赏景、房主收租、政府征税的“新天地”。尽管田子坊尚未列入上海A级旅游景点（正在申报之中），但旺季时除散客之外每天接待国内外旅游团（组）达14批之多，平均每天客流量高达5000人之众。即便在金融海啸肆虐的今天，田子坊座落民居的188家企业中只有18家企业有退出（转租）市场的迹象，基本处于正常的市场代谢范围，而落户厂房的137家企业无退租现象，相比上海某些租金在2.5元以上的创意园区30%左右的退租率而言，田子坊抗外部经济波动的能力显然不容小视。这种能力来自于企业、居民、政府“三得利”的格局：就企业而言，由于拥有稳定的客源和低成本的入市模式，销售收入大致处于稳定状态（188户民居企业中半数已经盈利，另有半数正处于回收投资阶段；137户旧厂房企业则已全部盈利）；就居民而言，若平均以出租25M2左右的住房而论，其房租月收入将稳定地保持在5000元左右的收入水平（若兼职夜间保安，还另有打工收入）；就政府而言，每年能有300—400万元的税金收入。政府倘若决定在田子坊筹建“陈逸飞纪念馆”，则将从以下方面强化“田子坊示范效应”：

一是增强对旅游者的吸引力。陈逸飞是国内外著名的艺术家，其在巴黎展出的《东方少女》大型雕塑、泰康路艺术街标志性钢雕《飘》、位于浦东新区的巨型城市雕塑《日晷》和世纪大道街心花园的城雕《木·火·土·金·水》均在田子坊完成。社会对其身后轶事的关切必将能唤起广大崇拜者的注意力，其中包括对大师遗作诞生地的寻觅；二是增加田子坊创意“硅谷”的凝聚力。陈逸飞田子坊创业的引领效应已经载入史册，“陈逸飞纪念馆”将更有利于通过艺术切磋、艺术展示和艺术研讨来巩固和扩大这种引领效应，而其载体便是“陈逸飞纪念馆”；三是丰富2010年上海世博会的旅游“亮点”。历届世博会的经验证明，世博会的参观者与举办城市旅游者往往是互为转化的身份，城市旅游亮点越多，博览会就越兴旺。从二者互为因果视角理解，一位具有世界级知名度艺术大师的纪念馆，其对世博会的潜在影响是不言而喻的。陈逸飞既是上海创意（视觉艺术）产业的领军人物，更系国际著名的艺术大师，其艺术馆的建立无疑顺应了上海产业升级的指向，且更符合国际化大都市的城市定位。

附　富有价值的纪念

值此逸飞先生谢世四周年之际，最富价值的纪念莫过于建立陈逸飞先生纪念馆，以便为宏扬、继承和发展逸飞先生的视觉艺术构建社会平台。陈逸飞作为海派文化的杰出代表，他是属于全社会的，而非仅仅属于个人。因而，对其作任何角度的价值判断时应该从全局和整体利益进行考量。欧州文艺复兴时期的历史和中国数千年的文明史无不证明，精神产品的生产与物质产品的生产具有非同步的特点。当我国20世纪90年代起经济高速增长之后，社会却不能产生为世人所公认的文化领袖，这不得不引起身处盛世年华的国人之深思。这种深思的着力点应当聚焦在改革开放30年来我国经济高速增长与文化平庸发展的非对称性之上。这种不对称彰显了我国资源储备结构与资源配置结构的非协调性。因此，我关于陈逸飞纪念馆的建言，纯系基于社会经济整体发展的背景思考。

首先，城市，乃至一个国家的经济发展水平主要并不是取决于资源禀赋的程度，而是取决于资源配置水平的高低。因为，资源是从资源配置水平低的地区流向配置水平高的地区。因此，前者的资源处于净流失状态，后者则处于资源净流入状态。当前，全球生产力发达地区往往是缺少资源的地区，而资源丰富的地区反而往往是生产力落后的地区，这种“贫困的富有”和“富有的贫困”之悖论折射出资源配置水平高低的制度性力量。面对国际竞争强手，国人应当客观冷静地评估自己三十年的成就。毋容讳言，我国只化了30年时间实现了世界人均GDP花50年时间实现的增长。但是，50年前的国际制度安排和工业技术背景与30年前不能同日而语。换言之，我国经济高速增长得益于成熟的国际工业技术和有利于贸易自由化的国际秩序，而这两大因素并非成形于国内，而是来自外部环境。因此，国人绝对不能满足于依赖外部经济背景的发展模式，而应加大制度创新和技术创新的力度，去夯实自身发展的基础。因为，前者有助于提升资源配置效率，后者则有助于提升资源配置的附加值。建立陈逸飞纪念馆本身是一种城市人文资源有效配置的手段，它与转变发展模式相联系；

其次，上海的经济逻辑决定其未来的发展潜力不是以配置有形资源为主，而是以配置无形资源为主。上海是一座有形资源（土地、原材料等）相对匮乏，而无形资源（人才、技术、文化等）相对丰富的城市。从资源储备结构与生产结构相对应的视野出发，上海未来的发展必须以配置人力资源和人文资源为主，而以配置物力资源为辅。这种资源配置结构的调整方向完全顺应了上海城市功能的战略定位，即基于服务功能的，以现代服务业为主导的产业体系。我国传统产业体系是一种为她人做嫁衣的低附加值型的微利体系，它严重背离了强国富民的道路，长此以往只能导致贫困和污染。根据国家发改委宏观经济研究院2000年对城市居民调查发现，对自己生活状况

中外游客流连忘返

不满者高达22%，按此比例测算，我国城镇人口的不满意者将高达1亿人口。这种不满与长期的低收入不无关系，日后这个比例又有进一步恶化之势。改变这种现状的根本之策除创新收入分配制度、弱化贫富之间的“马太效应”之外，最重要的对策莫过于调整传统的产业体系，步出“付出越多，所得越少”的产业分工误区。陈逸飞纪念馆的建立，有利于培育符合这种产业体系的“精神一文化”消费型的服务业。

最后，衡量现代服务业水准的标尺主要不在于其产出规模，而是在于产业内部结构比例合理的程度。 与国际大都市相比，上海制造业之所以仍然处于低附加值的“为她人做嫁衣”的分工地位，其源盖出于现代服务业的结构比例的重心偏离了战略性服务业（诸如教育、科技和研发业等），而将重心倾斜于生产型服务业（诸如金融、通信、物流和中介业等），导致企业普遍缺失自主知识产权的产品，降低了产品附加值，延缓了城市资本积累的进度。我国新一轮城市改造的传统模式撕裂了城市历史文脉，使城区原生态的旅游资源几乎荡然无存，导致城市普遍失去了个性化，其根本原因在于我国城市总体发展战略中扭曲了精神性服务业与生活性服务业的层次关系，导致城市文化地位的下降和文化资源的流失。建立陈逸飞纪念馆旨在恢复海派文化的历史地位，提高上海文化资源的商品转化率，其方向无疑正是上海国际性大都市定位所期盼的。

我的蠡测之见若能借纪念陈逸飞先生之机，起到向社会贤达抛砖引玉之效，则幸甚！

附：从陈逸飞所想到的

陈逸飞走了，走得是那么的伧促。卢湾区幽静的泰康路见证了他生命最后阶段的辉煌。这种辉煌来自这位才华横溢艺术大师的积累：20世纪80年代中期以来，他共售出500多幅作品，其中1991年至1998年的8年之中，他的33幅画竞拍总额高达4000余万人民币，开启了中国艺术家称雄国际艺术市场之先河。在人类历史长河中，人生之短暂，犹如一现昙花。恩格斯在悼念马克思时说过，死之不幸主要不是对于死者，而是对于生者。这种不幸驱使人们重新评估和认知生命的价值，以及考量如何最大限度地提高有限生命资源的配置效率。

生命的真正价值在于延续，而非在于拥有。名人的离去，必然会在遗产继承上掀起波澜，对簿公堂有之，骨肉反目亦有之，但愿陈逸飞例外。名人在世时的成果有二：一是作品，二是弟子，前者作为有形成果，是有限的，后者则作为无形成果，是无限的。两种成果之中作为继承“标的物”的则主要是有形成果，即遗作及其货币收入。但作为名人的遗作只是其遗产的一部分，即可称之为终端产品遗产。例如作家的著述出版后进入了社会公共图书馆，其版权属于遗产，画家已出售的画，已为社会收藏，未出售的画，则是一种终端产品的遗产。名家终端产品遗产的继承，根据继承法有关规定，属于与名家相关的小圈子内的权利，而名家还有一部分更为重要的遗产则是过程产品，诸如作家的手稿、笔记、通信、谈话录音、授课讲义；绘画艺术家的构思草图、素描小稿、学术演讲、专访谈话等。名家的过程产品遗产既无法进入市场，又无法进入社会公共图书馆收藏，往往处于被社会遗忘的角落而不断散失。前年上海人代会上我曾建言筹建“上海名人图书馆”，案由是鉴于上海问世于清末民初的一代大家先后相继谢世，诞生于大革命时期的一批学术泰斗也将不久于人世。他们的离去，带走了社会科学和自然科学两大领域中先知者的光芒，却留下了记录他们人生轨迹的珍贵史料，其涉猎之丰、内容之珍、孤本之贵，叹为观止。陈逸飞英年早逝，显然不在上述两类智者之中，但其过程产品遗产之价值，足以成为民族的共同遗产加以保护、珍藏和研究。为此，政府明智的话，应将位于泰康路上的“陈逸飞工作室”适时改为“陈逸飞研究室”。

生命的活力在于对称，而非在于透支。人过知命之年，一系列不对称性不期而至。已故非洲加纳总统恩克鲁玛有一句名言，说是“世界上要做的事情何其之多，而能做成的事情又是何其之少。”这种心有余而力不从的心境是有成就中年知识分子的常态，是人事不对称性的典型体现。人们必须客观地、科学地、理性地对待这种不对称，“知命”的涵义是：抗命不如认命、玩命不如惜命。最近，广州孚有盛名的呼吸道专家钟南山教授修正了“轻伤不下火线”的传统道德观。他认为，为了更有效地上火线，“轻伤必须下火线”。这就是“上”与“下”的辨证关系。中年骨干知识分子面临着三大不对称，需要加以协调。第一是生理能力与心理能力不对称。中年学者思想、学术进入了人生鼎盛的成熟期，一般说来心理状态更趋稳健、聪慧、老练，抗波动心态好，敢于接受挑战性的事业。但中年人的脏器则开始出现衰退迹象，体质适应高强度、大负荷的能力已大不如前。正如一位画家对陈逸飞超负荷多重角色的评价：“一个轻量级的拳击手偏偏要做泰森”。事业上的强势，使陈逸飞已呈骑虎之势，其结局必然加剧生理能力与心理能力的背离；第二是应酬压力与消受能力不对称。事业有成往往与年岁递增成正相关，却往往又与体质条件成负相关。中国社会是一个伦理社会，繁荣的酒文化使餐桌成为社会交往的大平台，600万人口的香港竟有1万家酒楼便是佐证。我凭一般规律推测，象陈逸飞这样如雷贯耳的顶级大家可能少不了要周旋于酒肉之间，仅管据说他平素烟酒不沾。这种缺乏规律的生活，苦乐不均的饮食，只能适应于而立之年的青年人，对于知命之年甚至于杖乡之年者，则无疑是一种摧残。胃是后天之本，花甲之年犹如步入四季之冬，功能减退已呈不可阻挡之势。暮年开始养胃已属“亡羊补牢”之举，更况是继续伤胃、践胃了。我新近出版的一书叫《成败萧何》，言及人之过早夭折往往皆系于营养，营养过度者富死，营养匮乏者贫死。著名作曲家莫扎特因贫困潦倒、缺衣少食而在36岁生日前夕的一个悲风凄雨日子里离世。第三是来日无多与事业未竟之间不对称。在陈逸飞独特的视觉艺术天地里，其事业的辉煌才头角初露，可谓方兴未艾，但事业无限，人生却有限。欲在人生苦短的暮年前后完成未竟的事业，必将自己陷入每天追星赶月的玩命之中。在传统的价值观主宰舆论的年代里，人们赞美这种忘我的献身精神，而在理性思考的年

窗明几净的店堂

月里，人们开始将之视作对事业、对社会、对人生的轻率，人们之所以为名人而骄傲，那是因为他属于整个人类的。

生命资源的配置效率在于虚拟整合，而不在垂直整合。有人在为陈逸飞痛惜的同时，也不免发出了“他向上帝要得太多，上帝却过于吝啬，连60虚岁生日也不给他”。大艺术的视角使陈逸飞的才华进入了多重天地：绘画、服饰、杂志和电影艺术。但是，人的生命资源是有限的，个人单枪匹马更是捉襟见肘。首先，专家的领域是有边界的。大发明家爱迪生终身有关电的专利达数千项，但其对电的运用范围判断却令人不敢恭维，原因就在于专家有其边界局限，一旦过“界”专家有时还不及常人。当艺术产品进入市场成为商品时，必然会脱离艺术视觉的边界，渗透到市场判断、经营决策和人财管理等全新的领域之中，它不仅分散了专家的精力，而且又由于感觉领域与视觉领域的差异性，必然会导致事倍功半、劳神费力。其次，管理是有幅度的。在管理幅度规律的作用下，陈逸飞面对分散的、多头的、有市场差异的经营领地，必然会顾此失彼，个中辛苦只有本人知晓，绝非如媒体“颂词”所言。为弥补不足，这位艺术大师一方面不得不忍痛放松对绘画艺术的深入追求，另一方面又会透支生命资源去应付日益扩张的事业。再次，资源配置必须遵循比较优势的原则。经济全球化的今天，现代企业凭借英特网的优势，根据全球比较优势的原则，已经重新分解和重组自己的生产流程，使要素资源的配置从传统的垂直整合走向虚拟整合，即除自己的优势强项业务之外，其他环节作为非核心业务逐步外包给专业管理公司去完成，既强化了本职主业，又发挥了规模效应。作为一位艺术大师，应当将自己生命资源的优势部分继续强化配置，其他非优势部分可以外包给协作伙伴或机构去完成，以构建视觉艺术生产的供应链管理体系，诸如形成自己的经纪人队伍、中介力量和市场平台。

第四篇　从田子坊反思我国旧城改造模式

第一节 传统发展模式支配下旧城改造的局限性

我国20世纪80年代以来的旧城改造与国外的“城市更新”有诸多相似之处，其伴随的规模性居民动迁，不仅政策性强，牵涉面广，经济成本和社会成本十分昂贵。由于时代背景的制约，旧城改造的过程不可避免地受到传统的粗放型经济增长模式、以物为本的思想理念及其政府追求政绩偏好行为的影响，导致社会关系失和、建设资源浪费和传统文化遗产的破坏。这种与传统发展模式相适应的旧城改造模式在导致全社会整体效益流失的同时，还扭曲了社会利益分配关系，增加了城市改造的阻力，因而呈现出极大的局限性。

局限性之一是在利益关系重构过程中激化了社会矛盾。《中国大百科全书》对“利益”的解读，揭示了社会关系的的本质就是利益关系。改革开放的大潮在推进城市大规模更新改造的同时，也不可避免地形成了城市建设领域多元利益主体角逐的格局。旧城改造的本质是其所派生的经济利益的重新分配，参与角逐的主体有地方政府、开发商和原住居民。除此之外还有金融、估价、咨询，甚至是律师等中介服务机构。他们彼此之间构成利益分享、机会共沾的矛盾统一体。从利益主体自身组织特征分析，原住居民通常处于弱势群体地位，尽管他们人数众多。据《制度经济学》分析，一个社会集团的力量大小，获取利益能力的强弱，并不是取决于他们人数的多寡，而是取决于它的组织化程度，而组织化程度的高低又与集团成员的经济实力相关。因此，在旧城改造中原住居民的群体维权事件不断发生。据统计，2006年1月至8月我国的群体性事件中，发生在城市规划建设领域中的因征地、拆迁而引发的事件占15%，位列第二，仅次于因工资福利待遇等引发的事件（占18.88%）。

局限性之二是旧区改造中利益相关者的成本与收益特殊关系，

决定传统改造模式缺乏源动力。首先，从被拆迁人角度分析。由于国有企事业单位土地和地上建筑物的所有权的国有性质，决定其效用函数与政府无异，作为被拆迁人它无法与普通原住居民相提并论。通常说来，各地对原住居民的旧房拆迁补偿安置不外乎有三种方式，即：①货币补偿。但旧城区原住居民多为中低收入者，补偿的货币往往难以使其在市场上有能力购置到合适的住房，这种能力与房价成负相关。从2005年的统计资料分析，我国农民住宅竣工房屋的平均造价为每平方米334.4元，而城镇销售的商品住房平均价格为每平方3000元左右，因此，尽管我国城镇居民人均可支配收入要比农村居民的收入高出2倍多（2006年），但买房成本城镇居民要高出农民8倍多。换言之，农民房价收入比只有2.79，而城镇居民则高达7.50以上。这种客观现状所决定，被拆迁的原住居民对补偿高诉求乃不得已而为之；②价值标准房层置换或是③面积标准房屋置换。这后两种补偿方式由于动迁配套房源一般都集中在郊外，公共服务设施配套标准极低，交通十分不便，原有的居住文化、邻里关系、社区认同、社会网络所构建的安全感和归属感已荡然无存，而远离市中心原住居区滞之后的就业、就学、就医等新的困难又将产生，导致原住居民的生活成本开始上扬。

在住宅购置的选择上，与富人考量住房增值前景不同，穷人想的更多的是居住地段改变对自己的压力和负担。因此，从被拆迁人收益与成本的关系判断，拆迁补偿看似合理，但大多数情况未能达到被拆迁人的预期。原因在于开发商虽然注意到了被拆迁人的有形损失，但忽略了被拆迁人的无形损失。由于成本大于收益的补偿格局，导致原住居民往往成为旧城传统改造模式的抵触者和群访者。其次，从开发商角度分析。由于旧城改造出于对城市景观、风貌和文化的考量，在规划上大多有容积率和建筑密度等指标的控制，加之动迁成本极高，这就必然限制了开发商在实施旧区改造之后的

诗意别样的田子坊

收益能力，也就不符合开发商追求利润最大化的诉求。据有关资料显示，以北京市普通商品房住宅的成本价格为例，旧城改造项目为9740元/平方米，其中征地拆迁费为4800元/平方米，占总成本49.3%，而新区开发项目成本仅为3740元/平方米，其中征地拆迁费用为600元/平方米，仅占总成本的16%。因此，除极少数商业繁华地段之外，旧区改造的利润空间对开发商而言并无太大的吸引力。如前所述，2006年11月2日，《福布斯》2006年中国富豪榜在北京发布，题名的前十位中与房地产行为有关的富豪占居六成，足以说明我国房地产开发确系暴利行业，但它主要并非得益于旧城改造，而是新区开发。因此，当开发商进入旧城改造的程序之后，其唯一的选择是最大限度地压缩开发成本，手段是压低对被拆迁人的补偿、减支税费、争取优惠政策、减少配套面积、缩短建设周期，其后果必然是干扰正常动迁程序、激化居民矛盾，甚至腐蚀干部。

最后，从政府角度分析。政府在旧城改造中的目标是要合理利用土地、发展经济、增加税收和稳定社会，其支付的相应成本是开发商不愿意承担的某些基础设施建设、部分国有土地收益的让渡，以及为吸引开发商而作出的突破常规的规划控制的退让，其获得的收益是出让相关权利的收入、税费收入以及被改造区域的功能提升。由此可见，政府在旧城改造过程中的收益正在为迁就开发商的政策成本所弱化。由此可以得出的结论是，导入开发商的旧城改造模式，随着我国城市化进程的加速和城市功能的日益提升，终将要被新型的改造模式所取代，其价值指向是社会效应、经济效应和文化效应共生，政府利益、企业利益和原住居民利益的同享。而这一转变与政府角色定位的转变直接相关。

有专家断言，我国房地产市场最大的问题是政府的公共服务功能缺失，而产业发展功能过度所造成的。政府是房地产市场的协调者、公共管理者和服务者，理应通过提供具有准公共产品性质的廉租屋，以产生正的外部性，而不能成为房地产市场经济利益的最大受益者，以免产生负的外部性。欧美国家政府的地价、税费收入约占住房价格的20%左右，而我国地方政府的税费收入（占30—40%）再加上土地管理费，约占房地产价格的50—80%左右。换言之，房地产价格越高，有两个利益主体得益越大，他们就是房地产开发商和地方政府。与房地产开发商同构利益一体化格局的地方政府又要肩负起《闲置土地处罚办法》的执法权，其结果必然导致对“连续2

年未使用的闲置土地由县级以下人民政府无偿收回土地使用者的土地使用权”的执法效果近乎为零。原因在于，房地产开发商通过囤积土地可推高房地产价格，而其得益者中又少不了地方政府。2008年起上海因土地供应节奏呈现供不应求趋势，导致抢地风暴四起、价格飞涨，其因除可供出让土地资源日趋短缺之外，一个十分重要的原因便是大量存量土地的囤积迫使政府放弃了扩大供地规模的计划。尽管上海市政府为落实“控增逼存”，一度加速发放拆迁许可证，但收效甚微，个中原委不言自明。如果不改变我国地方政府在房地产市场中的利益地位，则旧城传统改造模式的诱惑力不会从政府身上消失。

局限性之三是利益驱动机制割裂了城市历史文脉。追逐利润最大化与保持城市个性化之间的严重背离，已导致我国城市不断地演变成为高密度和高容积率的畸型空间结构。我国新一轮旧城改造始于20世纪80年代，其过程始终贯穿着现代化建设与城市历史风貌保护之间的矛盾和冲突，最终由于地方政府追求短期政绩，导致旧城改造中文物性建筑的破坏，甚于十年动乱的“文革”岁月。城市的风貌特征是城市历史文脉延续的结果，但其建筑特点的非经济性与旧区改造的收益成本关系的导向形成反差。首先是街区建筑的个性化特征与现代标准化街区建设相悖。现代标准化的城市建设，其特征是消灭个性和抹杀差异，否则无法言及房地产业的规模效应。至于进行修复式的保护，其代价之昂贵可能胜过重建（许多城市甘愿拆除历史街景后再重建，便是基于成本考量）。因此，摧枯拉朽的“七通一平”改造模式走进了众多历史街区。

其次是历史建筑经几代人繁衍合居，人口高密度导致拆迁安置成本居高不下。因此，为了平抑拆迁成本，开发商的选择必然是将缺乏经济性的历史建筑转换成高容积率的大梯量建筑群。在他们眼里，郊区开发与旧区开发除货币成本支出的差异之外，再也没有其他差异可言；再次，旧城区传统落后的基础设施不符合国家关于旧区改造的“统一规划，合理布局，综合开发，配套建设”的原则之要求。由于历史原因，历史建筑街区往往道路狭窄，交通条件差，市政管线布局杂乱。对此，开发商必须按照城市发展规划要求，对原道路进行改建，并对市政管线进行扩容和重设，这在加重开发商支出负担的同时，必然为拆除历史建筑提供了行为依据。这从另一个侧面暴露了我国城市规划管理理念之软肋，这就是不辨时间、空间及其对象的特定性，采取“一刀切”和“切一刀”的办法去设定规范。因此，保护文物建筑的呼吁者与摧枯拉朽式旧区改造的实施者其实均有自己的行为依据，只不过动机不同而已。在各级政府屈从于强势主体利益诉求的趋势之下，我国城市发展模式不断地走向外延式扩张之轨道，以致于城市扩张速度大大背离了社会发展阶段和经济发展进程。据资料显示，1993年我国50万以上人口的大城市权有68座，到2002年骤增至450座；城市总数从1979年的216座，增至2005年的663座，其扩张速度创世界之最。它犹如我国经济发展模式一样，增量的快速扩张往往以存量的恶化趋势为代价。

第二节 我国旧城改造模式的创新

旧城的改造与城市历史文脉保护之间的冲突，其过程实际上是一部城市发展、变迁的历史，它毫无例外地体现在古今中外的一切城市之中。早在1958年8月，荷兰海牙召开的第一届关于旧城改造问题的国际研讨会，对旧城改造的概念作了相对完整的描述，会议认为旧城改造是根据城市发展的需要，在城市老化地区实施的有计划的城市改造建设，包括再开发、修复和保护等三方面内容。基于这种定义，借鉴旧城改造成功地区的经验，我国旧城改造有如下创新思考：

一是旧城改造的模式创新思考。从先行的旧城改造成效分析，譬如上海田子坊的改造，其直接效果有三：首先是优化了存量资源配置效率。旧区旧里的存量资源大多不起眼，在房屋质地评估时往往被轻视。诸如居住性的底层住宅，在房屋交易时往往缺失"含金量"，但在田子坊模式中却成了"宝"，它可以转化为商业资源，而闲散退休的人力资源又有机会被业主雇佣为保安、勤杂人员等，从而使街区存量资源达到增值目的；其次是改善了居住、休闲和商业环境。由于房层的维修、道路的改造、基础设施的日臻完善，使原有破旧的街区面貌一新，协调和优化了人与环境的和谐关系；最后是扩大了社区的税收基础。由于商业业主的入驻，强化了地区的财富效应，扩大了当地税源，进而使政府部门为社区提供优质服务创造了财力条件。

田子坊的改造模式固然不完全具有普遍适应性，但它毕竟为我国旧城改造走出了一条新路，成为一种有生命力的模式。这种模式的特征是，充分尊重历史、尊重文化、尊重人格，协调了人与自然、人与社会和人与环境的关系，体现了人的需求、社区功能和物质环境的多样性，形成一种多重生态系统同生共存的局面。模式的创新点在于：①旧城改造的招商对象从房地产开发商转向都市型产业的业主。前者的“先头部队”是推土机，后者则是修理匠。这种转变的实质是使被招商的主体从短期行为转向长期行为，从被动导入转向主动进入，从与原住居民争利转向与原住居民合股分利；②旧城改造招商的决策主体从政府为主转向原住居民及其代理人为主。主体的变换，导致利益偏好的改变，其结果必然是行为方式和行为结果的变迁。如前所述，由于旧城开发成本居高，政府往往以迁就方式导入开发商，这种招商形式的隐性成本很高，包括了税收减免，权利让渡，甚至额外补偿，加剧了社会矛盾。而田子坊模式招商主体是居民及其代言人——投资咨询公司，双方处于互利互惠的平等地位，不应该存在任何隐性成本的支出；③旧城改造的利益主体从政府收入为主转向原住居民收入为主。优化政府与社会个人之间的利益分配格局是我国迈入21世纪之后面临的最棘手的命题，田子坊敢于对此进行探索，足见其胆识过人。田子坊模式使政府的收入从土地一次性出让和房地产开发的税收转化为长期的经营业主交纳营业税的收入，其特点有三：①一次性收入转为长期收入，有利于政府届别之间利益的均衡；②征税对象从房地产开发商转为商店业主，有利于繁荣城区商贸业；③公共服务的支出从房地产开发商承担转为政府承担，有利于增强政府公共财政支出结构的优化。

二是旧城改造的保护模式思考。我国现有的668座城市，其建筑具有时代特征、社会风情和民族文化的气息，但由于各地历史、文化、自然环境和人文特征的差异性，旧城改造的保护模式应当区别对待，分类实施。上海是一座神奇的城市，据《咬文嚼字》1999年第1期载文，作者薛理勇经过对《粹山草堂小稿》、《春雪集》、《外传记·吴地传》等书稿考证，“海上”是上海之别名，犹如近代的华亭、沪、申的别名一样。其出典彰显了上海的两大特征：其一，作为长江冲积之地，上海生成于海上；其二，上海开埠以来成为海

田子坊的街巷

外元素的集聚之处，其集聚的通道来自海上。由于东西方文化的交融和汇聚，加之建筑界价值观之多样性，导致该市建筑风格的移植性、变异性，或称折衷性。上海地面建筑的历史可寻觅到唐宋元明清各个历史时期，建筑风格可辨认出新古典主义、哥特复兴式、折衷主义、现代主义及中国新古典建筑等，其风格之杂、数量之巨、种类之多，堪称世界之最。

借鉴成熟地区和国家的经验，上海对全市234座完整的历史街坊和440处历史建筑群（约1000万平方米）大致采取了三种分类保护的模式：第一种是居住类型的保护。这一类区域不属于历史古建筑保护范围，但具有特色风貌，即有价值进行改造，改造之后的功能通常仍以居民居住为主。北京的四合院和上海的石库门均属于此种类型，只可惜由于早期城市改造扭曲了建设与保护的关系，导致这类保护性风貌建筑大批地走向消亡。居住类区域比较宽泛，其保护应当主要体现在以下方面：①总体布局和外观应当力求保持原貌特色，包括房屋高度、街道宽度和建筑风格等；②公共服务设施（包括停车场、垃圾箱等）的添置，尽量通过外迁部分居民来提供空间，而不宜通过改变建筑布局来实现；③居民家居自动化设施建设应与旧区改造同步进行。出于对建筑整体外观考量，家居自动化功能的连接应以无线方式为宜。

第二种是文化类型的保护。从上海城市的特点出发，其文化类型可归纳为三类：其一是老城厢文化类型。这种类型主要是指以原南市区及其周边邻近街区，它们是上海的发祥之地。当然，静安区的静安寺、卢湾区的淡井坊等地与老城厢曾处同一历史时代。据卢湾区文化局局长叶谦逊先生告知，南市区老城隍庙的城隍老爷诞生于卢湾区的淡井坊城隍庙。这些地区残存的明末清初的房屋是极富文化价值的文物性建筑，应通过登录制度，纳入长期保护规划之中。例如，卢湾区文化局已通过对淡井坊历史文化的挖掘和整理，正在进一步加大对辖区范围内古城文化遗址的保护力度，使之在城区规划建设中确立“重点文物保护”地位。对于此类的建筑群落都应列入规划保护，如北京市对已确定的539个“保护院落”举行挂牌仪式，以昭示社会各界。

其二是“租界”文化类型。根据1843年中英《虎门条约》，英国政府于1845年诱使当地官员签订了租地章程，将上海黄浦江边一大片地皮划为英国人的租赁地，供英人建房居留，开启了上海租界的先河。美国和法国于1848年和1849年援例仿行，使上海的租界进一步拓展。“租界”的形成导入了各租赁国家的文化，其典型的物质形态是街道、建筑、树种等，逐步形成了异国风情。有万国建筑博览之称的上海，在我国设有“租界”的30余城市中可谓异军突起，独领风骚。这些洋建筑与20世纪30年代前后兴起的“石库门”相互辉映，构成了上海独特的建筑文化。这一类建筑中的残余部分应当按原建筑标准整修，力求整旧如旧，除必要的安全措施外，尽量不要安装过多的现代化设施。其中特殊的代表建筑，凡需整幢保护的，应花代价整体动迁，以留作建筑博览馆或建筑艺术馆之用，而尽量不作居住或办公之用。

其三是“母亲河”文化类型。上海的发祥之河是黄浦江，“以河兴城”和“以城兴河”是国内外诸多城市互动发展的轨迹。巴黎与塞纳河，伦敦与泰晤士河、纽约与哈德逊河、埃及与尼罗河，圣彼得堡与涅瓦河，伏尔加格勒与伏尔加河，法兰克福与莱茵河，我国的广州与珠江、天津与海河，重庆与嘉陵江，以及长三角地区城市与千年大运河的关系无不如此。河流养育了城市，也见证了城市的变迁，沿河景观和风貌则是城市文化的重要载体，而其承载的越江工程是城市经济拓展和升级的结果。

以上海为例，苏州河上的越江工程是20余座传统桥梁，它完成了上海第一次历史性的跨越，实现了苏州河两岸的共同繁荣，其时间始于1907年外白渡桥的落成。这一跨越，在苏州河流域留下了上海工业时代文明的印记，其许多沿河厂房和楼宇没有被废弃拆除，而是改造成为富有创意内涵的艺术工作室。上海第二次历史性跨越是21世纪“拂晓”对黄浦江的跨越，其间修建了一系列越江大桥和隧道，实现了浦东开发的历史使命。在形成浦江两岸共同繁荣的同时，沿江留下了信息时代的文明，使黄浦江从传统的渡江功能演化为观光功能。沿江丧失了运输功能的旧码头、仓库和办公楼宇，已改造成为观光旅游之用的亲水平台、酒家等。2010年上海世博场馆5.4平方公里的规划控制区之所以选址在浦江两岸的滨水区，其一个十分重要的动因是为了有效地保护和利用上海沿江历史风貌，使之成为集旅游会展、观光、休闲和居住为一体的滨江岸线景观。上海第三次历史性跨越是目前正在实施的从本土上跨越长江，越江的工程是以崇明为“岛桥”，桥隧结合直跨长江彼岸的江苏腹地，它将开启繁荣苏北的先河。对长江的跨越必将在沿江两岸留下生态文明时代的足迹。诸如崇明的湿地公园、森林公园及其一系列生态景观将被长久保存，并成为上海城市生态文化的发展指向。创造了高度物质文明和技术文明的上海人，同时也在制造具有全球特征的“城市病”。而第三次历史性的跨越实际上是上海人悟性和文化上的跨越，其结果将重建生态文化在都市发展中的地位，其中标志性的生态景观将成为上海新一轮发展的里程碑而得到永久性的保护。除第一次跨越的文化遗迹正在改造和利用之外，尚在进一步实施中的第二、三次跨越，其文化沉淀物的保护规划正与城市开发同步实施。

第三种是商贸类型的保护。根据成熟地区的经验，以经营为目标的保护地区，专家认为建设以钢筋混凝土做主要结构的仿古建筑也无仿，因为其价值指向只是营造传统文化氛围和优化购物环境。诸如上海豫园商场的购物建筑，北京什刹海的汇通祠以及浙江嘉兴市的春波坊和梅湾街等，既恢复了原有风貌，又增加了商业用房面积，还与周边建筑群体在外观上相谐调。此外，在保护建筑区域开设的文物陈列馆及文物古玩商店也可采取类似方式建造，原因是采取现代材质的仿古建筑，既能协调氛围，又有利于对展品的保护（温、湿度和净化要求）和展示（灯光要求）。例如北京颐和园内的文昌院便是如此。历史往往沉淀在建筑风格的传承和变异的交替之中，只要注意新老建筑之间的协调，依然能起到历史风貌保护的作用。诸如北京文津街的北京图书馆虽非明清建筑，但与故宫风格相去不远；又如北京的协和医学院、辅仁大学、燕京大学等始建于20世纪20年代，但其风格起到了历史传承的作用，成为中西合璧的典范。

第三节 我国旧城改造模式创新的对策管理

我国旧城改造模式的转换主要是着力于保护与更新关系的处理，其所涉的保护主体与保护客体之关系，与四个主题相关，它们分别是：原住居民维权、历史文化保护、改造资金来源和政府角色定位。因此，旧城改造模式创新的对策管理也必须基于对上述命题的思考：

第一，坚持以人为本，将改善市政基础设施和居住环境质量作为旧城改造的主题内容。城市让生活更美好，作为2010年上海世博会的主题，充分折射出全球对城市建设价值指向的高度认同。首先，在城市规划和改造中应处理好人与自然的关系。德国城市绿地面积之所以能高达20%—30%比例（有的甚至高达40%—50%）、人均占有量达100平方米左右，源自其地方规划序列中除土地利用规划、建筑规划之外，都有绿化规划，旨在维护人与自然的生态平衡。在德国旧城改造中，政府规定不准减少绿地，必要时还必须开辟新的绿地。绿地是居住质量的重要标志之一，尤其是在当今化学物质充斥的年代里更显精贵。据专家分析，在一般情况下室内可检测出的有毒和有害物质多达500种，而室外只及室内的数十分之一。因此，居住者若无良好的室外天地，无异于终日与毒为伴；

其次，要创造条件让原住居民参与规划政策制订的初始阶段。原住居民与开发商之间在经济地位和信息掌控上的不对称性，导致前者缺失规划政策制订的提案权和话语权。由于原住居民利益诉求机制的缺失，他们往往会处于决策阶段的边缘化状态而利益受损严重。为改变这种现状，香港的《市区重建策略》规定，受重建项目影响的居民应有机会就有关项目表达意见，并有权对重建项目发表反对意见。为使居民权利落到实处，香港在重建区域内由市建局成

田子坊石库门续写新篇章

立包括业主、租户、区议会议员以及其他关注区内重建的非政府机构代表组成的分区咨询委员会，负责提供咨询意见和帮助，旨在将原住居民不满的意见通过咨询方式，而不是滋事方式去表达。

此外，香港政府在旧城改造中有效地实施了社会效益优化的原则，其对应的两大措施是：①开展旧城改造的社会影响评估。在政府公布建设项目前后，市建局要对社会影响进行两次评估，评估要点包括受项目影响的居民人口特点、社会经济特点、安置需要、住屋意愿、就业状况、工作地点、社区网格、子女受教育需要、长者的特殊需要、弱智人士的特殊需要、单亲家庭尤其是有年幼子女的单亲家庭的特殊需要等，以尽量减少旧城改造给居民造成的负面影响；②专业社会工作者帮助。香港政府认为，鉴于在旧城改造中的弱势群体地位，原住居民需要外界提供帮助才能减少旧城改造对自己产生的负面影响。因此，香港《市区重建策略》规定，市建局在重建目标区内要分别设立市区重建服务队，为受项目影响的原住居民提供帮助和咨询意见。在香港，社会工作是作为一门职业的、专门用来为社会弱势群体争取其应有权利的一项工作。各种非政府资助的社会工作者包括了学者、高校城市规划专业的学生等社会人士的志愿者，旨在动员居民在维权的同时积极参与旧城改造活动。根据我国的实际情况，应设立城市规划听证会制度。正如俞正声同志任建设部长时所说："应建立城市规划听证会制度，让广大群众了解、参与规划管理"。

第二，建立城市历史文化保护的长效机制。城市文化保护长效机制建立的关键之一是强化立法。城市历史文化的保护是全球面临的共性课题，英国建筑协会曾断言，全球20世纪70年代的旧城改造对文物性建筑的破坏甚于二次世界大战，其足见全球城市文化传承之紧迫。为此，1972年11月联合国通过了一项"保护世界文化与天然遗产的公约"，并相应成立了世界遗产委员会。同年，欧州各国外长会议决定把1975年作为欧洲建筑遗产年。1977年国际建筑协会制定的历史性规划大纲《马丘比丘宪章》，把传统建筑文化遗产的保护提到重要高度。1978年10月全美洲"保存艺术遗产讨论会"举行。1979年联合国确定了57项文化古迹作为第一批世界文化和天然遗产，其中亚洲有18座城市被列为世界性重点保护的城市。1980年法国总统提出将该年作为"爱护宝贵遗产年"，随即全法国共有12600处古迹和21300座历史性建筑均受到法律保护，其中大多数是城堡、庄园、宅第和教堂。法国是立法保护文化遗产最早的国家，早在1962年法国公布了马尔罗法，规定对若干城市地区进行全面性的保护规划。1977年又将巴黎分成三个部分：第一部分是历史中心区，即18世纪形成的巴黎旧区，主要保护原有历史面貌，维护传统的城市职能；第二部分是19世纪形成的旧区，主要是加强城市居住区的功能，限止办公楼的建造，保护19世纪风貌；第三部分是对周边的部分地区适当放宽限制，允许建造一些新住宅和大型设施。

城市文化保护长效机制建立的关键之二是要理顺“城市保护”和“城市更新”的关系。“城市保护”的对象是历史和传统的形态，其价值取向侧重于城市的历史价值和文化价值；“城市更新”则更强调城市的时代特征和城市功能，其价值取向侧重于城市的时代感和开放性。一个城市的风貌传承实际上隐含了一部城市史，人们能从建筑的变迁中看到它的“年轮”。因此，一旦全盘“旧貌换新颜”，城市则失去了历史感，也就消亡了历史的“年轮”。但是，如果城市功能不能更新，也就失去了未来的“年轮”，城市的步履便会中止，进而在全球化的浪潮中被扬弃。而功能的转换往往会伴随载体的变换，即空间的变换。因此，部分历史建筑被移植性地重建成为过渡色彩的建筑，或是犹如上海“新天地”模式中“旧外观（形态）按装新设施（功能）”的重建，均是可以理解的。

20世纪40年代末叶美国华盛顿的规划中，国会山以东一带原有的旧住宅是规划拆除的“衰落地区”，后决定采取转变功能的修缮办法进行改造，使之从贫民窟转化为高档住宅，进而将旧区形态改造与城市功能升级有机地协调了起来。在经济全球化的今天，仅仅让中国建筑师和规划师确立这种“协调”的理念还不够。原因在于当今世界仍然处于西方建筑话语权为主导的“一统天下”时代，而在我国建筑界被“边缘化”的情势下，境外建筑师和规划师已开始全面进军我国城市规划、城市设计和建筑设计的领域，且大有喧宾夺主之概。这种趋势正在淡化中国建筑和民族文化的主体意识，它必然对我国城市历史文化的保护和城市个性化的培育提出了新的挑战。

第三，创新旧城改造多元化筹资模式。20世纪90年代之后，我国国民收入分配格局发生了重大变化，导致储蓄主体与投资主体的错位。当储蓄主体从以政府和国有企事业单位转向非国有企业和社会个人之后，如果仍以政府和国有企业事业单位作为投资主体，则必然产生了储蓄转化投资的问题，但由于传统投融资体制改革的滞迟，导致这种转化出现了障碍。当前，社会投资进入的高门槛设置便是其障碍的标志之一。而旧城区通常位于城市中心地带，人口密集，建筑密度高（上海市的建筑密度高达70%—80%，有些地区甚至高达90%），前期开发的拆迁、安置任务重，成本高，加之基础设施因历年欠账而矛盾丛生。因此，旧城改造最尖锐的矛盾集中在资金筹措之上。除上海田子坊模式（降低了开发成本）和“新天地”模式（商业前景良好）之外，大部分地区的旧城改造，其资金筹集应当走多元化模式。

其一，畅通旧城改造的融资渠道。据有关研究结果显示，其融资渠道之一是建立旧城改造专项基金。资金来源是：①改造项目的土地收益部分，即旧城改造项目的土地出让金、储备土地的增值收益金扣除应提取的土地补偿后，将剩余部分作为旧城改造的专项基金；②将旧城改造建设项目的同级税收留成部分转为旧城改造的专项基金。渠道之二是坚持“量入为出”，优化财政资金支出结构。可通过贴息等方式发挥财政资金的放大效应和杠杆调节作用，使城市投资向旧城区倾斜，确保重点项目的开发建设。渠道之三是通过市场化运作，向社会放开公益性设施建设的投资大门。专家建议可逐步将诸如交通、燃气、自来水、污水处理等基础设施及教、科、文、卫等社会事业的融资渠道向民间资本和外资开放。渠道之四是实施股权融资。方式是由银行发行理财计划并将筹集的资金交付信托，由信托对旧城改造的企业进行增资，再由资产管理公司回购股权以实现资金的退出。重庆信托设计的60亿元股权融资方案，便是通过这样流程完成的，它既有利于吸纳社会闲散资金用于重大项目建设，又拓展了信托和相关银行的业务规模，还为老百姓提供了一

古朴而斑剥的石库门在诉说申城历史

定的投资机会。

其二，实行体制创新，合理配置社会资源。应在城市内部建立区域性统一的土地开发体系，改变财政及开发投资按地块平衡资金的“承包”体制，促进社会资源的市场化配置。旧城不断改造和新区不断开发的交替进程是实现城市规模扩张和功能提升的驱动源。二者互动实施已成当今国际城市发展的常态。这里不仅有二者之间产业布局结构调整的互动，还有人口疏解安置的互动，更有资金统一平衡的互动。上海应当突破传统的地块平衡资金的樊篱，将郊区开发与旧城改造，区位优势地区和区位劣势地区组成同一个系统，通过二者不同土地收益之间的互补来实现资金平衡。诸如区位条件优越的地块可通过招标拍卖，将获得的更多土地收益来补贴区位条件相对冷僻的地块，但其实施前提是建立跨地区的土地开发统一体系。

其三，实施倾斜政策，降低旧城改造的税费成本。要使投资向旧城改造倾斜，其重要的对策是降低税费成本。根据先行地区成功的经验显示，一些行之有效的举措值得效法。诸如对城乡结合部型的旧城改造，凡属安置拆迁村民的住宅建设项目，应予免收城市基础设施配套费；凡属发展经济的其它建设项目，可实行减半收取城市建设配套费，收取的城市基础设施配套费应用于旧城改造。未纳入旧城改造规划和年度实施计划的项目，不能享受旧城改造的优惠政策。

第四，合理界定政府在旧城改造中的角色定位。丘吉尔对市场经济作过十分形象而又贴切的评估，他说，市场经济虽然并不完美，但却是人类目前能够发现的最不坏的经济制度。市场经济的这种“最不坏”在于它在效率上优于计划经济，而“不完美”是指市场失灵时离不开政府“帮忙”。而这种“帮忙”只能是在适时、适度和适情之下进行。例如，面对旧城改造中的公正和公平问题时，市场会显得无能为力。从我国香港实施旧城改造近60年的历史进程判断，政府实行的是低度介入的方针，其主要任务是制订长远改造规划，确定改造时序和规模，维护各方权益，弥补市场缺陷和保护城市历史文化等。

据此分析，政府在旧城改造中的角色定位如下：其一是整体效益最大化的维护者。旧城改造的整体效益体现在时空两大维度之中，从时间维度考量，必须兼顾短期和长远效益，不能片面追求短期政绩而疏于地区长远发展的考量。我国旧城改造进度大大超过发达国家及我国香港地区，其原因在于短期政绩的非理性驱动，结果导致改造需求与改造能力之间的严重脱节，进而追求粗放型、外包型、强制型的开发模式。这种模式导致城市建设资金配置结构严重错位，其中用以历史建筑保护费用明显不足。据报载，2003年我国此项费用仅为40多亿人民币，而当年日本为1000亿人民币，法国为2000亿人民币。又据建设部透露，全国600多个城市和2万多个建制镇中有1/5存在形象工程，导致建设资金寅吃卯粮、集资摊派和大量拖欠工程款；从空间维度考量，要摆脱单纯经济效益观点，必须兼顾社会效益、环境效益和文化效益。因此，政府应当是公平与效率的协调者，努力做好维护弱势群体利益、有效促进公众参与和调节不同群体之间的收益分配这三篇重要文章；

其二是市场失效的弥补者。如前所述，市场不是万灵的，其最大的缺陷就是无法优化人与人之间、人与自然之间、人与未来之间的关系，往往会以牺牲部分群体的权益来换取高效率，以致拆迁矛盾的信访逐年上升。纠正和弥补市场之不足，正是政府这只“有形之手”的职责之所在。为此，政府在弥补市场失效方面应做好三件事，即引导和促进私有部门投资、规范开发商行为和严格实施土地所有者（政府为代表）与土地经营者（开发商为代表）的分离。一旦政府参与了土地出让或出租以及与开发商合作开发等活动，便形成市场竞争格局中运动员兼裁判员的行为；

其三，城市历史文化的保护者。有人断言，失去了故宫和四合院的北京，将很难与保存完好的罗马、巴黎并列为人类文化古城。

同样道理，没有了外滩建筑群和石库门的上海，其结果将不出北京左右。历史文化存遗储存了城市不同时期文明的信息，它体现了城市特色和个性。但在旧城改造的三位主角，即原住居民、开发商和政府之中，前二位主体均是不同程度的经济利益追求者和偏好者，对于旧城历史文化的破坏并非均有切肤之痛。正因为如此，文物界估计，我国近20年对旧城的破坏会超过以往100年。据同济大学郑时龄教授提供的数据，上海仅从1995年—2001年间拆除了大约3000万平方米的历史上遗留下来的建筑。换言之，上海的近代建筑大约有70%以上是在最近几年大规模的城市开发过程中被拆除的。因此，旧城历史文化的保护者身份非政府莫属；

其四是旧城改造规划的捍卫者。当前，我国旧城改造的规划管理亟待纠正的偏向有三：①缺失长期改造规划。发达地区的旧城改造均有长期规划为依托，以香港以例，香港都会区2001年确定的改造规划，其时间跨度长达20年，对其中9300幢超过30年的私人楼宇（其中在未来10年内楼龄超过30年的将增长50%）制订改造计划，并确定了要完成的200个新项目和遗留的25个项目。相比之下，我国的旧城改造很少有这样详尽的长远规划，充其量只是设定改造区块而已，至于有多少房屋需要改造，心中全然无数；②改造规划缺失公众参与。我国大多数城市改造规划没有经过相关专家论证，而绝大多数城市的改造规划没有吸收公众参与，而是由政府单方决定或是某些项目由开发商主导确定，信息缺失透明度。据有关资料显示，目前大多数城市政府对公众公开的信息尚不足30%；③改造规划朝令夕改，形同虚设。由于旧城改造资金的供需缺口过大，政府往往会以牺牲长远规划去满足开发商对改造区域容积率等诸多指标的要求，从而使长远规划沦为短期规划，刚性规划变为柔性规划，进而降低了改造质量，激化了社会矛盾，弱化了规划职能。

参考文献：

(1) 秦红岭：《和谐社会背景下城市规划面临的伦理问题及解决路径》，《理论与实践》月刊2008年第1期

(2) 叶强：《我国城市规划原则方法执行难问题与城市空间效率提升》，《经济地理》2008年第1期

(3) 徐建华：《香港和广州：旧城改造的模式及行动者比较》（中山大学学报论从）2005年第25卷第5期

(4) 赵春容等：《我国旧城改造中利益分配矛盾及对策研究》西南科技大学学报，2008年6月

(5) 曾峻：《公共秩序的制度安排》，学林出版社2005年8月第1版

(6) 甘峰：《新理性时代》，学林出版社2005年7月第1版

(7) 项光勤：《发达国家旧城改造的经验教训及其对中国城市改造的启示》（万方数据）

(8) 朱荣林：《沉舟侧畔》，学林出版社2008年10月第1版

(9) 朱荣林：《战略时代》，学林出版社2006年1月第1版

(10) 朱荣林：《成败萧何》，学林出版社2005年4月第1版

(11) 朱荣林：《峰回路转》，学林出版社2007年1月第1版

（12）彭慧：《旧城改造中城市政府角色定位》，（万方数据库）

（13）上海创意产业研究所：《创意产业》（交流资料）2004年

（14）卢湾区科委：《关于田子坊调研工作进展情况的汇报》，2007年12月3日

（15）卢湾区政府发改委：《田子坊2008年工作总结》

（16）田子坊管委会：《田子坊创意产业园区介绍》，2009年2月

（17）杨鸿玺：《对郑和的理性纪念》，《读者文摘》丛书68期，学林出版社

跋

在我心目之中的田子坊是我国旧城改造的一块真正意义上的“新天地”，其“新”既体现在旧城改造模式从传统发展走向科学发展，又体现在改造主体从房地产开发商走向都市知识型产业的业主，还体现在改造目标从经济效益最大化走向整体效益最大化。从此意义上评说，田子坊模式顺应了时代潮流，即城市资源可持续配置、社会的和谐稳定和大都市产业结构的高附加值化。

我撰写本书的宗旨，除了想以此为线索去探求我国城市可持续发展的模式之外，还奢望对我国城市公共权力结构的优化作点理性思考。公共权力结构优化之一是规范政府职能及其行政行为。正如列宁所言，“国家问题是一个最复杂最混乱的问题”。C·H·泰特斯收集到的有关国家的定义多达145种，便是印证了列宁的判断。国家定义的多样性，折射出世人对国家功能定位期望值的多样性。这种认知上分歧的焦点，集中在国家和社会之间通过何种协同和互补的方式去实现双方共同“调整个体间关系”这一目标之上。

针对这种协同和互补方式的不当选择，美国学者诺斯在《经济史上的结构与变革》中对国家存在的两重性作了如下评述：“如果没有国家的介入，财产权利就无法得到有效的界定、保护和实施，经济发展也就不可能实现。然而，国家权威是个人权利最大，也是最危险的侵害者，因为国家不仅具有扩张的冲动，而且其扩张总是依靠侵蚀个人权利和社会制度来实现的；国家介入经济活动领域时，常常设置具有偏向性的财产制度，以及决策的失误均会导致巨大的经济损失”。因此，他认为“国家的存在对于经济增长是必不可少的，但国家又是人为的经济衰退之根源”。被后人称之为“诺斯悖论”的这一著名论断，可以解读为“没有国家成不了事，有了国家省不了事”。对此颇具同感的是伟人恩格斯，他在关于国家对社会反作用的三种形式的论述中，精辟地揭示了国家可能产生的严重后果和代价是“政治权力将给经济发展造成巨大的损害，并将引起大量的人力和物力浪费”（《马克思恩格斯全集》第4卷，第483页）。于此可见，规范政府职能及其行政方式，旨在强化其“成事”方面的优势，转化其“省事”方面的劣势，而它决不是毕其功于一役的权宜之举，而将贯穿于国家消亡之前的全部历史过程之中。田子坊模式创新过程中政府与社会在城市改造领域里的权益结构之变迁，实际上是国家权力让渡和政府行为自律的一种有益尝试，其意义远远超越田子坊本身。本书收集图片资料的艰难过程，从一个侧面彰显了这种“有益尝试”将能释放的政府巨大效能；

公共权力结构优化之二是培育公民社会。“公民”与“百姓”之间的称谓长期被国人混用，其实二者之间的本质差异在于其社会地位的不同，前者处于社会的主人地位，后者则是与“庶民”并列为社会的被支配地位；前者是社会进步的主动参与者，后者则是社会任何行为结果的被动接受者。但是，这种“主动”地位只能存在于有组织的公民社会之中。诚如著名管理学家德鲁克所言：“没有人会把船只失事时一群无组织、惊恐奔跑的人叫做‘社会’”。因为，这里虽然有人群，却并不存在公民社会。红卫兵失控年月的长城内外，海盗肆虐的亚丁湾海域以及人肉炸弹杀戮场的巴格达无不见证了一个严酷的史实，即：缺失社会道德、社会纪律、社会权利和社会组织的“无社会状态”，比之“无政府状态”其危害更烈。实际上，公民社会是市场经济与民主政治互动的产物，是现代社会成熟度的重要标尺，它对于完善市场经济、推动政府职能转变、优化公共资源配置的选择方式、完善社会的民主管理和维护国家的长治久安，具有不可替代的作用。田子坊所追求的“共建、共享、共治”的发展理念，使我依稀看到了襁褓之中公民社会的雏型。

田子坊的成功，引来了多位有识之士对《解读田子坊》撰写和出版的深切关心和鼎力支持：全国政协副主席厉无畏教授拨冗为本书题写书名，作为本书撰写顾问的有上海市政府副秘书长兼市商委主任沙海林、我国著名建筑学专家郑时龄院士、中共卢湾区委书记徐逸波、区长翁祖亮同志，悉心进行过技术指导的有苏秉公、陈永亮、叶谦逊、庞啸、李政、顾世奇、郑荣发、张建君、吴梅森等同志，为本书费尽周折提供图片资料的有俞琪国、奚小蒙、顾沁、马宪和、蔡蓉等同志，在此我一并致以肺腑之谢！一部微小的《解读田子坊》终究难以穷尽田子坊十年来走过的历程及其所折射的深刻内含，从此意义上评说，《解读田子坊》只是我全方位研读田子坊的开始，而这种研读始终离不开上海华夏文化创意研究中心的激励和鞭策。为此，我的郑重申谢，与其说是补情多位社会贤达对拙作《解读田子坊》的厚爱，不如将其理解为本人奢望在日后岁月里深入求索田子坊时得到各位的襄助而提前“埋”的“单”。

朱榮林

二00九年六月于荣竹斋

图书在版编目（CIP）数据

解读田子坊/朱荣林著.—上海：文汇出版社，2009.11

ISBN 978-7-80741-692-0

Ⅰ.解… Ⅱ.朱… Ⅲ.文化—产业—研究—上海市

Ⅳ.G127.51

中国版本图书馆CIP数据核字（2009）第172371号

解读田子坊

作　　者／朱荣林

责任编辑／张　衍

装帧设计／张　晋

出 版 人／桂国强

出版发行／文汇出版社

上海市威海路755号

（邮政编码200041）

经　　销／全国新华书店

印刷装订／上海建工印刷厂

版　　次／2009年11月第1版

印　　次／2009年11月第1次印刷

开　　本／720×960 1/16

字　　数／130千

印　　张／11.5

书　　号／ISBN 978-7-80741-692-0

定　　价／26.00元